Oraciones y Promesas

Oraciones *y* Promesas

La misión de Editorial Vida es proporcionar los recursos necesarios a fin de alcanzar a las personas para Jesucristo y ayudarlas a crecer en su fe.

ORACIONES Y PROMESAS
Edición en español publicada
por Editorial Vida -2008
Miami, Florida

Originally published in the U.S.A. under the title:
Prayers &Promises

Published by permission of Zondervan, Grand Rapids, Michigan

Traducción: *Graciela Femat*
Edición: *Carolina Galán*
Diseño interior: *Cathy Spee*
Adaptación de cubierta: *Grupo Nivel Uno, Inc.*

ISBN: 978-0-829-77241-8

Categoría: Vida cristiana / Devocional

Contenido

Día 24 135

Oración por la mañana:

Dios, dame la gracia que necesito para morir.

Promesa por la tarde:

Cuando llegue el fin de la jornada de tu vida, Dios estará ahí para cuidarte.

Día 25 139

Oración por la mañana:

Dios, dame valor para elegir vivir y no morir.

Promesa por la tarde:

A veces tienes que dar el siguiente paso tú solo.

Día 26 144

Oración por la mañana:

Dios, dame sabiduría para saber qué hacer.

Promesa por la tarde:

Dios es el Dios del pasado y el Dios del presente.

Día 27 150

Oración por la mañana:

Dios, no me siento con ánimos para orar.

Promesa por la tarde:

Orar el Padre Nuestro ayuda cuando se te hace difícil orar.

Día 28 156

Oración por la mañana:

Dios, dame la confianza de saber que tú tienes el control.

Promesa por la tarde:

Dios es mi roca y mi libertador.

Introducción de un compañero peregrino

Primero noté un problema cuando estaba empacando. Tenía dificultad al abrir los frascos y botellas. Pensé: *Bueno, acabas de cumplir cincuenta, y esto es lo que sucede cuando envejeces.* Después comencé a tener espasmos en la espalda y en los músculos del brazo. Mi esposa me aconsejó que fuera al médico. Pero como un típico macho, ignoré su consejo. Un día estaba escribiendo las notas para mi sermón, y tuve esa rara sensación: como si mi mente y mi mano no estuvieran cooperando. Mi mano parecía responder a las órdenes de mi cerebro con unos cuantos segundos de retraso. Esto me asustó.

El siguiente domingo por la mañana me encontraba en la iglesia, sentado en la primera fila. Detrás de mí estaba sentado un amigo que es neurólogo. Durante la alabanza anterior al sermón, me volteé para decirle: «He estado teniendo una debilidad en las manos, y últimamente he sufrido espasmos musculares. Cuando estaba escribiendo las notas para mi sermón, tuve la rara sensación de que mi cerebro y mi mano no estaban coordinados. ¿Qué opinas de esto?» Claro, un médico no va a dar un diagnóstico durante la alabanza justo antes del sermón. «Creo que es mejor que vayas a verme a mi consulta», me dijo. «Mañana por la mañana, por ejemplo».

Así que al día siguiente fui a ver al neurólogo. Después de examinarme y probar la fuerza de mis músculos, me indicó que me sentara en su consultorio. «Hay diferentes posibilidades dentro de una serie de elementos con sus variantes», dijo. «Es posible que tengas espasmos benignos en los fascículos. Todas las personas tienen espasmos en los músculos. Puede que tú tengas más que una persona promedio. Por otro lado, es posible que se trate de una enfermedad neurológica motora, conocida como ELA o como la enfermedad de Low Gehrig». Cuando el doctor mencionó ELA (esclerosis lateral amiotrófica), me quedé completamente aturdido. Varias personas de nuestra iglesia habían muerto de ELA. Uno de ellos fue un joven que vivió siete años después de que le fue diagnosticada. Yo lo visitaba una vez al mes durante esos siete años y di un sermón en su funeral. Otro fue un hombre bastante mayor de edad que vivió once meses después del diagnóstico.

Mi neurólogo me envió a realizarme pruebas adicionales en la clínica especializada en ELA de la Universidad de Michigan. Pocas semanas después los doctores confirmaron que yo tenía una enfermedad neurológica motora y que lo más probable era que se tratara de ELA, una enfermedad degenerativa, incurable y terminal. Me dieron una carpeta grande llena de información sobre mi enfermedad y básicamente me dijeron que ellos no podían hacer nada por mí excepto ayudarme a manejar mi discapacidad, que iría en aumento. Me informaron que no hay causa conocida para esta enfermedad y que no se conoce ninguna cura. Dijeron que me quedaban de dos a cinco años de vida, y que la mayor parte del tiempo estaría en una condición de discapacidad.

Cuando te dicen que tienes una enfermedad incurable y terminal, no hay palabras que puedan describir la sensación de que todo se va a pique. Fuera de Jerusalén, más allá del Monte de los Olivos, hay un lugar llamado Betania, el antiguo hogar de María, Marta y Lázaro. Hacia arriba de uno de los callejones de la parte de atrás hay una tumba de la época del Segundo Templo. Fuera de la tumba un letrero indica: «Tumba de Lázaro». Después de pagar una módica cuota de entrada, los visitantes descienden por una larga escalera de caracol. Bajan y siguen bajando. Cuando llegan a la parte inferior se arrastran por debajo de una roca grande, y del otro lado alcanzan a ver una cámara mortuoria. Está lejos de la calidez de los rayos del sol que pegan en la calle; es oscura, confinada, y claustrofóbica. Así es como se siente una enfermedad, terminal. Desciendes de la calidez y el brillo del sol a un lugar oscuro y confinado. Desciendes a la tumba de Lázaro, y crees que nunca regresarás a la luz del sol.

Así que, cuando se te hace difícil leer la Biblia o incluso orar, ¿qué haces? ¿Cómo subes y sales de la tumba de Lázaro? Cuando me diagnosticaron esta enfermedad descubrí que mi habilidad para enfocarme en Dios, en la Biblia y en la oración estaba limitada en forma significativa. Podía asimilar verdades espirituales solo en pequeñas porciones. Durante los meses que siguieron, Dios me inspiró a forjar algunas oraciones sencillas que me ayudaron a salir de la tumba de Lázaro. Algunos días camino en la calidez y en la luz del sol de la esperanza. Otros días estoy en la oscuridad de la tumba de Lázaro. Cada día es una lucha, y cada día debo hacer mi mejor esfuerzo con el fin de continuar subiendo las escaleras para salir de la tumba.

Ofrezco estas oraciones y promesas como guía para quienes enfrentan una enfermedad que amenaza sus vidas y para aquellos que los cuidan. Aún estoy sumergido en la lucha de esta jornada. No tengo todas las respuestas. Pero he descubierto el poder de estas sencillas oraciones y promesas que me ayudan a lo largo de esta jornada. Te animo a que eleves una de estas oraciones cada día. Cuando hayas completado el ciclo de treinta días, repítelo. Después de cada sección hay un espacio para que escribas tus comentarios o notas diarias.

Un compañero peregrino,
Ed Dobson

Día 1

Oración por la mañana

Dios, ayúdame a vivir el día de hoy y a disfrutar de él al máximo.

Sabemos que cada día es un regalo de Dios, pero con frecuencia lo damos por hecho. Tener una enfermedad terminal o que amenaza tu vida es un recordatorio constante de que tus días están contados. Todos los seres humanos saben que sus días están contados, pero muy pocos piensan en esto. La mayoría de las personas viven cada día como si tuvieran un número ilimitado de días por delante. Tener una enfermedad terminal o que amenaza tu vida cambia todo eso. Cada día que pasa es un día que te acerca más al fin.

Uno de los problemas de tener una enfermedad terminal es la tendencia a vivir en el futuro y no en el presente. Y el vivir en el futuro es una garantía de sufrir depresión. Siempre que paso demasiado tiempo pensando acerca del futuro y lo que este me depara, comienzo a hundirme profundamente en la desesperación. Los problemas que tengo que enfrentar en el futuro no son algo muy agradable. ¿Tendré que usar una silla de ruedas? ¿Necesitaré ayuda para poder respirar? ¿No podré tragar? ¿Tendré que usar un tubo para alimentarme? Y la lista continúa. Todas las personas que conozco que tienen una enfermedad terminal se enfrentan a problemas similares, No temo morir. Le temo a lo que tengo que sufrir para morir.

Con el paso de los años, he tenido una relación personal muy cercana con varios pastores afroamericanos de nuestra comunidad. Hemos comido juntos, jugado al golf juntos, reído juntos, viajado juntos y llorado juntos. Hemos pasado cientos de horas juntos. En este proceso hemos llegado a ser amigos muy cercanos. Al principio de nuestra relación noté que los pastores afroamericanos oran de forma distinta a los pastores blancos. Sus oraciones surgen de una larga historia de sufrimientos, y por este motivo, son muy diferentes a las oraciones de las personas blancas. Los pastores afroamericanos casi siempre comienzan sus oraciones así: «Dios, gracias por permitirme despertar esta mañana». Creo que nunca he escuchado a un pastor blanco orar de esta manera. Damos por hecho que vamos a despertar. Pero aquellos que sufren no lo dan por hecho. Agradecen cada día que Dios les da, y reconocen la bondad de Dios cuando sale el sol.

Así que este día oro así: «Dios, gracias por permitirme despertar esta mañana». Sin importar lo limitados que mis días sean, quiero abrazar cada uno de ellos como un regalo de Dios. Quiero vivir este día al máximo. Sé que hay cosas que ya no puedo hacer. Sé que estoy enfrentando limitaciones diarias. Pero quiero enfocarme en lo que puedo hacer, no en lo que no puedo hacer. «Así que, ayúdame Dios. Sé que este día no se repetirá jamás. Sé que no puedo vivirlo otra vez. Ayúdame a vivirlo al máximo».

Promesa por la tarde

Dios está buscándote.

Pero Dios el Señor llamó al hombre y le dijo:
¿Dónde estás?
(Génesis 3:9)

La Biblia comienza con una declaración poderosa: «Dios, en el principio, creó los cielos y la tierra». Después de esta declaración tenemos el desarrollo de la historia de la creación. Sin embargo, cuando uno lee esta historia, hay algo que queda claro: ¡Dios lo hizo! Habló y fue hecho.

En el sexto día, Dios creó a Adán. «Y Dios creó al ser humano a su imagen; lo creó a imagen de Dios. Hombre y mujer los creó» (Génesis 1:27). Primero, «Dios el Señor formó al hombre del polvo de la tierra, y sopló en su nariz hálito de vida, y el hombre se convirtió en un ser viviente» (2:7). Cuando Dios vio que no era bueno que el hombre estuviera solo, hizo a Eva de una de las costillas de Adán (2:18-23).

Después de eso Dios colocó a Adán y a Eva en el jardín del Edén para que lo cuidaran. Tenían libertad de comer de todos los árboles del jardín excepto del árbol del conocimiento del bien y del mal. Dios les advirtió que si comían de ese árbol seguramente morirían. Tú ya conoces la historia. Adán y Eva escucharon a la serpiente. Eligieron desobedecer a Dios y comieron del fruto prohibido. Tan pronto como lo hicieron, «se les abrieron los ojos, y tomaron conciencia de su desnudez. Por eso, para cubrirse entretejieron hojas de higuera» (Génesis 3:7). El paraíso había sido destruido. El pecado había entrado en el mundo. Adán y Eva habían decidido ignorar la palabra de Dios.

Y si tú fueras Dios, ¿qué habrías hecho? ¿Habrías matado a Adán y a Eva justo en ese momento? Después de todo, les prometiste que si comían del fruto, morirían inmediatamente. Dios, sin embargo, no los mató en ese momento. En su lugar, entró caminando en el jardín «cuando el día comenzó a refrescar» (Génesis 3:8). Y llamó a Adán: «¿Dónde estás?» *¿Dónde estás?*, vaya pregunta. ¿Dios no sabía dónde estaban Adán y Eva? Por supuesto que sí; él es Dios. Entonces, ¿por qué hizo esa pregunta? Hizo esa pregunta porque quería que Adán y Eva supieran que le importaban. Quería que supieran que estaba buscándolos.

Este es el motivo de Dios a lo largo de la Biblia entera. La Biblia no es la historia de nosotros los seres humanos buscando a Dios, sino más bien es la historia de Dios buscándonos a nosotros. Dios llamó a Abraham y a Moisés. Dios entregó la Tora en el Monte Sinaí. Dios expresó su amor al enviar a su Hijo, Jesús, al mundo. Dios envió al Espíritu Santo después de que Jesús ascendiera al cielo. Sí, la Biblia es la historia de Dios buscándonos.

Así que, aunque me siento abandonado por Dios, aun cuando mis oraciones parecen no pasar del techo de mi dormitorio, aun cuando me siento perdido, hay una verdad duradera que permanece: Dios no me ha abandonado. Dios no está en silencio. Dios está buscándome y preguntándome: «¿Dónde estás?» A Dios le importa mi estado de salud y se está moviendo en las circunstancias de mi vida, por muy destrozadas que estén. A él le importa dónde me encuentro.

Así que, anímate. El Dios que bajó del cielo para buscar a Adán y a Eva es el mismo Dios que viene a tu vida y se preocupa por ti. Todavía está haciendo la misma pregunta: «¿Dónde estás?» Así que, contéstale: «Aquí estoy, Dios. Estoy luchando. Me estoy hundiendo. Estoy en la oscuridad. Tengo miedo, pero gracias por preguntar».

Día 2

Oración por la mañana

Dios, ayúdame a darme cuenta de que no hay nada acabado sino hasta que llega el fin.

En la temporada navideña, pocos meses después de mi diagnóstico, estábamos llevando a cabo nuestro programa anual navideño en la iglesia. Este programa es un evento evangelístico fundamental que hacemos en nuestra comunidad. Animamos a la gente de la iglesia a que invite a sus amigos y vecinos. Durante el programa, yo tomo aproximadamente diez minutos para compartir las buenas nuevas del evangelio y el verdadero significado de la Navidad. Con el paso de los años, muchas personas han llegado a conocer a Cristo de manera personal por medio de nuestro programa navideño. Pero este año no me sentía con ganas de ir. No me sentía con ganas de hablar. No me sentía con ganas de compartir el evangelio. No quería estar cerca de la gente. Quería quedarme solo sentado en casa y evitar todas las preguntas que la gente me haría.

Pero mi esposa me dijo: «Tienes que ir. Hay personas que necesitan oír el evangelio. Tienes que estar ahí». Así que, con renuencia me subí a mi camioneta y empecé a manejar rumbo a la iglesia. Apenas había recorrido una milla cuando sonó mi celular. Era Billy Schneider. Billy y yo somos amigos desde hace años. Él fue adicto a la heroína durante más de veinte años en la Ciudad de Nueva York. Después conoció al Señor, y Dios cambió su vida de forma radical. Acababa de terminar una de sus batallas contra el cáncer, y además tiene SIDA. Tiene más cosas mal en su cuerpo que la mayoría de las personas, sin embargo todavía está vivo. Él habló para animarme.

Al principio me enojé por haber contestado el teléfono. En realidad no quería hablar con nadie. Pero ahora estaba atrapado. Billy me dijo: «Tienes que ser un cristiano Yogy Berra». Yo pensé: *¿Qué rayos significa eso? ¿Qué significa ser un cristiano Yogi Berra?* Pensé que como Yogi tenía que ver con los Yankees de Nueva York, y mi enfermedad tenía el nombre de Low Gehrig, tal vez habría alguna relación. Cuando le pregunté a Billy qué quería decir, me di cuenta de que yo estaba equivocado. Él citó uno de los dichos famosos de Yogi Berra: «No hay nada acabado sino hasta que llega el fin». Billy dijo después: «Tienes que ser un cristiano Yogy Berra. Recuerda que no hay nada acabado sino hasta que llega el fin».

Eso era exactamente lo que necesitaba escuchar. Estaba comenzando a creer y aceptar que mi vida ya estaba en verdad terminada. Esa noche, mientras iba manejando a la iglesia, pensaba que esa podría ser la última Navidad en la que hablara en el programa navideño. Que ese podría ser mi último invierno en el que vería la nieve. Que esa podría ser mi última Navidad con la familia. Para mí, todo estaba casi terminado. Entonces Billy me recordó a Yogi Berra. Luego oré, diciendo: «Dios, ayúdame a darme cuenta de que no hay nada acabado sino hasta que llega el fin».

Un día todo acabará. Un día dejaré esta vida y entraré en la eternidad con Cristo. Y tú también. Y también todos los demás. Pero no quiero precipitar mi entrada en el reino. El hecho de que estés leyendo este devocionario significa que tu vida terrenal no ha terminado. Así que deja de actuar como si ya hubiera sucedido.

Promesa por la tarde

Dios proveerá, pero a veces se presenta en el último minuto.

—El cordero, hijo mío, lo proveerá Dios —le respondió Abraham. Y siguieron caminando juntos.
(Génesis 22:8)

Dios le habló a Abraham y dijo: «*Lech lecha*» («Sigue adelante» en Hebreo). Por el mandato de Dios, Abraham dejó su país, su pueblo y la casa de su padre, y Dios le prometió a Abraham que su descendencia sería una gran nación y que todos los pueblos de la tierra serían bendecidos por medio de él. Todo esto sonaba bien, pero había un problema fundamental. Abraham y Sara eran viejos y no tenían hijos. Sin embargo, Dios cumplió su palabra, y en su vejez tuvieron a un hijo llamado Isaac. Era el hijo de la promesa.

Poco tiempo después Dios probó a Abraham. Le dijo: «Toma a tu hijo, el único que tienes y al que tanto amas, y ve a la región de Moria. Una vez allí, ofrécelo como holocausto en el monte que yo te indicaré» (Génesis 22:2). El sacrificio de los hijos era una costumbre en la cultura de los días de Abraham. Cada vez que había una crisis en la tribu o en el pueblo, el sacerdote acostumbraba a designar a una persona como sacrificio humano. De este modo esperaban aplacar a los dioses. Tal vez Abraham supuso que su Dios era como los otros dioses de la tierra y que ahora quería un sacrificio humano. Pensara lo que pensara Abraham, esta tuvo que haber sido una prueba asombrosa. Isaac era su único hijo. Claramente era la clave del futuro. Y ahora Dios estaba pidiéndole a Abraham que sacrificara la clave del futuro.

Así que Abraham e Isaac se dirigieron a la montaña para llevar a cabo este hecho terrible. Cuando Isaac preguntó por el cordero para el holocausto, Abraham le respondió: «El cordero, hijo mío, lo proveerá Dios». Mientras que con dolor e incertidumbre se abrían paso por un lado de la montaña, el carnero se abría paso por el otro lado de la montaña. En el último momento, cuando Abraham estaba a punto de matar a su hijo, Dios lo detuvo y le proveyó el cordero. Algunos de los rabinos de la antigüedad sostenían que el carnero llegó desde el jardín del Edén. Tuvo demoras en su largo viaje pero llegó justo a tiempo.

Esta historia contiene una lección poderosa. Mientras yo subo cuesta arriba por la montaña de la enfermedad, sabiendo que cada paso es una lucha, Dios ya está proveyendo un cordero que viene subiendo por el otro lado de la montaña. Y a su debido tiempo, por la providencia de Dios, nos encontraremos. Yo no lo veo, pero sé que ahí está. ¿Tengo ahora la gracia para enfrentar otro reporte negativo del doctor? ¡No! ¿Necesito la gracia para enfrentar otro reporte negativo del doctor? ¡Sí! Entonces, ¿dónde está esa gracia? El carnero ya viene subiendo por el otro lado de la montaña. ¿Tengo ahora la gracia para enfrentar el proceso de la muerte? ¡No! ¿Necesito la gracia para enfrentar el proceso de la muerte? ¡Sí! Así que, ¿dónde está esa gracia? El carnero ya viene subiendo por el otro lado de la montaña. La gracia de Dios ya viene en camino, y él proveerá esa gracia a su debido momento aun cuando sea en el último momento.

Día 3

Oración por la mañana

Dios, ayúdame a no preocuparme.

Sabemos que no deberíamos preocuparnos. Jesús mismo lo dejó bien claro: «Por eso les digo: No se preocupen por su vida, qué comerán o beberán; ni por su cuerpo, cómo se vestirán. ¿No tiene la vida más valor que la comida, y el cuerpo más que la ropa?» (Mateo 6:25). Pero estoy preocupado por comer y beber. Uno de los retos de mi enfermedad es que a la larga, los músculos que me permiten tragar los alimentos se verán afectados, dificultándome el tragar. Entonces tendré que tomar una decisión para que me coloquen directamente en mi estómago un tubo para poder alimentarme. Así que estoy preocupado por comer y beber. No estoy preocupado por qué comeré o beberé, sino estoy preocupado precisamente por las acciones de comer y beber. Así que es un problema cuando Jesús me dice que no me preocupe.

Tengo amigos que me dicen que no me preocupe. Cada vez que yo expreso mi preocupación acerca del futuro, me dicen: «No hombre, no te preocupes. Dios te va a cuidar». Para ellos es fácil decirlo, pues no tienen una enfermedad terminal. No tienen el prospecto de una discapacidad que va en aumento. No están enfrentando la muerte y muriendo. Es fácil creer que Dios te va a cuidar cuando no necesitas que te cuide. Pero cuando desesperadamente necesitas el cuidado de Dios para las cuestiones básicas de la vida, no es fácil dejar de preocuparse.

Pero Jesús verdaderamente nos ofrece esperanza. En Mateo 6 prosigue diciendo: «Fíjense en las aves del cielo: no siembran ni cosechan ni almacenan en graneros; sin embargo, el Padre celestial las alimenta. ¿No valen ustedes mucho más que ellas?» (v. 26). El Dios que está substancialmente interesado en las aves y su supervivencia está substancialmente interesado en mí y en mi supervivencia. Y el Dios que cuida y alimenta a las aves, también cuidará de mí y me alimentará.

Mira por la ventana y busca un ave. Dios conoce esa ave. Dios ve por esa ave. Dios alimenta a esa ave. Dios cuida de esa ave. Jesús nos recuerda que nosotros somos mucho más valiosos que las aves. Dios nos conoce. Dios nos ve. Dios nos alimenta. Dios nos cuida. Así que aprendí a orar: «Dios, ayúdame a no preocuparme. Sé que me amas. Sé que me ves, y sé que cuidarás de mí». Y cada vez que veo un ave recuerdo esa promesa. Afortunadamente, vivo en un lugar donde hay muchas aves.

Promesa por la tarde

No temeré

Dios ha dicho:

«Nunca te dejaré;
jamás te abandonaré.»

Así que podemos decir con toda confianza:
«El Señor es quien me ayuda; no temeré.
¿Qué me puede hacer un simple mortal?»
(Hebreos 13:5-6)

Hebreos 13:5-6 es el pasaje de la Biblia que más me ha ayudado en mi lucha contra ELA. Me gusta sobre todo la frase: «No temeré». El temor es una fuerza paralizante en nuestras vidas. Es especialmente paralizante cuando tienes una enfermedad terminal o que amenaza tu vida. No tengo temor de estar muerto. Después de todo, sé hacia dónde me dirijo. Cuando muera estaré ausente de este cuerpo y viviré junto al Señor. (2 Corintios 5:8). Pero le temo a lo que tengo que sufrir para morir. El proceso de morir es tenebroso.

Habiendo leído intensamente literatura sobre ELA, soy completamente consciente de todo lo que enfrento en el futuro. Y no es un prospecto placentero. En mi caso particular, las neuronas de los nervios mueren, y dejan de funcionar los impulsos eléctricos del cerebro a los músculos.

Cuando esto sucede, el músculo deja de funcionar y llega un momento en que se atrofia. Actualmente tengo la enfermedad en las manos, brazos, pecho, espalda y lengua. De acuerdo a los pronósticos médicos, la enfermedad continuará extendiéndose. Las personas que se encuentran en las etapas avanzadas de esta enfermedad están atadas a una silla de ruedas y tienen dificultades para respirar y tragar los alimentos. Esto los mata al final. Mientras tanto, durante todo el proceso el cerebro trabaja bien.

Cuanto más pienso en el futuro, siento más temor. Algunos dirían que tengo falta de fe. No estoy seguro de si en realidad tengo una falta de fe. Simplemente te estoy diciendo que «¡tengo miedo!» Poco después de mi diagnóstico aprendí a tomarme tiempos de descanso de cinco minutos. Cada vez que el temor comenzaba a apoderarse de mi vida, me tomaba un tiempito de descanso y repetía los versículos de Hebreos 13: «Dios ha dicho: "Nunca te dejaré; jamás te abandonaré." Así que podemos decir con toda confianza: "El Señor es quien me ayuda; no temeré"». Yo repetía estas palabras una y otra vez durante los cinco minutos completos. La primera vez estuve recitando las palabras todo ese tiempo, pero en realidad no creía su verdad. Hasta que no las repetí una y otra vez no comencé a creerlas de verdad.

Sé lo que los médicos dicen acerca de mi enfermedad, y sé cuál es mi pronóstico, pero en realidad no sé lo que me traerá el futuro. Sin embargo, sí conozco a Aquel que tiene el futuro bajo su control: Dios. Y él me ha prometido que nunca me dejará ni me abandonará. Me ha prometido ser mi ayudador. Sin importar lo que enfrente, él estará allí. Si necesito tomar una decisión respecto a una silla de ruedas, él estará allí para ayudarme. Si tengo que tomar una decisión respecto a un tubo alimentador, él estará allí para ayudarme. Si tengo que tomar una decisión respecto a una asistencia para respirar, él estará allí para ayudarme. Y cuando llegue el fin de mi viaje terrenal, él estará allí para ayudarme. Así que no dejo de decirme a mí mismo: «¡No temeré!»

Escribí estos versículos en una tarjetita y la puse en el espejo que está a un lado de mi cama. Son las primeras palabras que veo cada mañana cuando me levanto, y son las últimas que veo cuando me voy a dormir. Cuando el más joven de mis hijos se fue a la guerra en Irak con el Ejército de la Guardia Nacional, le di una de las tarjetas que tenía en el espejo a un lado de mi cama. Quería que él supiera que Dios estaría con él cuando enfrentara al temor.

Día 4

Oración por la mañana

Dios, entrego mi futuro y a mí mismo por completo a ti.

Cada día de mi vida se caracteriza por una batalla por quién tiene el control. Cuando yo tomo el control de mi vida, tengo la tendencia a meterme en problemas. También tengo la tendencia a deprimirme porque nada puedo hacer por mi enfermedad. Aun así, me gustaría tener yo el control. Pero la verdad es que el control es solo una ilusión. Nadie tiene el control de su vida o de su futuro. Así que entregarle a Dios el control de nuestras vidas y nuestros futuros es cuestión de sentido común. ¿Cierto? El problema es que es mucho más fácil hablar de entrega que entregarse en verdad.

Después de mi diagnóstico estuve predicando una serie de mensajes que hablaban de la mayordomía. A la mitad de un sermón, se me ocurrió una idea loca. Estaba hablando de que la iglesia de Corinto fue la primera que se entregó al Señor. Así que le pedí a uno de los ujieres que me diera una de las bandejas para las ofrendas. Luego le dije a la congregación que cuando los ujieres pasaran la bandeja de las ofrendas, todos deberían poner la bandeja en el piso y pararse sobre ella. Así que puse la bandeja en el piso, me paré sobre ella y di el resto de mi sermón parado en la bandeja para las ofrendas. Al final del sermón, pregunté: «¿Qué parte de tu vida no está en la bandeja? ¿Qué estás reteniéndole a Dios?»

Después del tercer culto estuve caminando por el pasillo de atrás y haciéndome la misma pregunta: «¿Qué parte de tu vida no está en la bandeja? ¿Qué estás reteniéndole a Dios?» Mientras retrocedía sobre mis pasos me di cuenta de que mi lengua no estaba en la bandeja para la ofrenda. Había aceptado el hecho de no poder usar mis brazos o piernas, pero no había aceptado el hecho de perder el habla. Le estaba reteniendo mi lengua a Dios. Así que le dije a Dios: «Te doy mi lengua. Te doy mi capacidad de hablar. Si este es el último sermón que dé, estoy de acuerdo». Desde mi diagnóstico, esa fue la primera vez que le ofrecí todo a Dios de forma total y completa.

Algunas personas de nuestra congregación sacaron un vídeo del sermón. Incluso del vídeo sacaron una fotografía mía donde estaba parado sobre la bandeja. Al pie de la fotografía pusieron unas palabras que me había dicho mi padre: «Tú eres indispensable hasta que haya sido hecho tu trabajo en la tierra». Tengo esa fotografía en mi oficina como un recordatorio constante de que mi vida está en las manos de Dios y de que tengo que vivir mi vida sobre la bandeja. Así que constantemente tengo que orar: «Dios, entrego mi futuro y a mí mismo por completo a ti».

Promesa por la tarde

La fe no es la ausencia de la duda.

Para el que cree, todo es posible. (Marcos 9:23)

En una ocasión un hombre que tenía un hijo poseído por un demonio, lo llevó con los discípulos para que lo ayudaran. El hijo tenía un problema muy serio. Su padre dijo: «Echa espumarajos, cruje los dientes y se queda rígido» (Marcos 9:18). Ver sufrir a tu hijo es mucho más difícil que sufrir tú mismo. Prefiero muchísimo tener yo esta enfermedad, a que la tenga alguno de mis hijos. Este padre debió sentir lo mismo, por lo que llevó a su hijo ante los discípulos de Jesús. Sin embargo, ellos no pudieron ayudarlo.

Luego el hombre llevó a su hijo con Jesús. El espíritu maligno de inmediato arrojó al muchacho sobre la tierra, y comenzó a echar espuma por la boca. Jesús le preguntó al papá cuánto tiempo llevaba así su hijo. El padre contestó: «Desde que era niño ... Muchas veces lo ha echado al fuego y al agua para matarlo. Si puedes hacer algo, ten compasión de nosotros y ayúdanos» (vv. 21-22). Jesús respondió: «¿Cómo que si puedo? Para el que cree, todo es posible» (v. 23). En los Evangelios, cuando Jesús sana, apela a la cuestión de la fe. Su respuesta a este padre era una respuesta común: Si crees, todas las cosas son posibles.

El padre respondió con una de las declaraciones más notables y honestas de los Evangelios: «¡Sí creo! —exclamó de inmediato el padre del muchacho—. ¡Ayúdame en mi poca fe!» (v. 24). Él reconoció que tenía ambas cosas: fe y dudas. Con frecuencia veo en la televisión religiosa a los «sanadores por fe», que creen que cuando Jesús murió en la cruz, no solo murió para salvarnos, sino también para sanarnos. Creen que todos podemos ser sanados, pero esa sanidad es por completo una cuestión de fe. Si una persona tiene fe suficiente, entonces puede ser sanada. Si una persona no es sanada, es debido a la falta de fe. Esto causa una increíble presión sobre el que está enfermo. Significa que si tengo suficiente fe seré sanado, pero si no tengo suficiente fe, no seré sanado.

La verdad es que yo tengo fe para creer que Dios puede sanarme. Pero la verdad es que también tengo muchas dudas. Algunas veces mi fe sobrepasa mis dudas, y otras veces las dudas sobrepasan mi fe. Mi vida es una mezcla de ambas cosas. Por esta razón me encanta la historia de este hombre, pues fue lo suficiente sincero para reconocer frente a Jesús que tenía ambas cosas: fe y dudas. Jesús no le dijo: «Regresa cuando tengas suficiente fe». No le dijo: «Deshazte de tus dudas y entonces podré ayudarte». ¡No! Jesús reprendió al espíritu maligno y sanó al muchacho.

Por supuesto, a los discípulos les preocupó esto. Ellos querían saber por qué no pudieron expulsar al espíritu maligno. Jesús dijo: «Esta clase de demonios sólo puede ser expulsada a fuerza de oración» (v. 29). Jesús les estaba recordando que el poder para vencer a Satanás viene a través de la oración. Así que yo aprendí dos cosas de esta historia. Primero, la fe no es la ausencia de dudas. Yo puedo creer que Dios sana y al mismo tiempo dudar de que me sane. Y la presencia de dudas no elimina la posibilidad de un milagro. Segundo, la cuestión fundamental es la oración. Aun cuando tengo dudas y preguntas, todavía puedo orar. Y la oración abre la posibilidad de un milagro de Dios. Así que cuando veo a un líder religioso en la televisión que me dice que mi milagro depende de mi fe, me voy a esta historia del hombre con un hijo poseído por el demonio. Mi milagro depende a fin de cuentas de Dios, no de mí. Y lo que Dios hace, lo hace en respuesta a las oraciones.

Día 5

Oración por la Mañana

Dios, gracias por permitirme despertar esta mañana.

A lo largo de los años he desarrollado relaciones personales maravillosas con pastores afroamericanos de nuestra comunidad. Son mis amigos más cercanos en el ministerio. Hemos alabado y trabajado juntos y reído y llorado juntos. De ellos he aprendido mucho acerca de Dios y la Biblia. Una de las primeras cosas que aprendí fue que los pastores afroamericanos oran de manera distinta a la de los pastores blancos. Con frecuencia comienzan sus oraciones de esta forma: «Querido Dios, gracias por permitirme despertar esta mañana».

No recuerdo haber escuchado nunca a ningún pastor blanco haciendo una oración como esta. La comunidad afroamericana tiene una larga historia de sufrimientos y luchas. Leen la Biblia como una minoría oprimida, y sus sufrimientos influyeron su forma de orar. Están agradecidos por cada día que Dios les da, y no dan nada por hecho. Reconocen que su única esperanza para sobrevivir es Dios. De modo que oran así: «Querido Dios, gracias por permitirme despertar esta mañana».

Al igual que mis hermanos afroamericanos, yo también estoy en medio de una lucha: una lucha contra una enfermedad mortal. Así que estoy aprendiendo a ser agradecido por cada día que Dios me da. No puedo revivir el pasado, y el futuro se ve bastante sombrío, así que me enfoco en el día de hoy, y reconozco que este día es un regalo de Dios. Aunque mi salud no esté en las mejores condiciones, y aunque no tenga la capacidad de hacer todas las cosas que acostumbraba hacer, estoy aquí y estoy vivo. Esto es un regalo de Dios. Así que estoy aprendiendo a comenzar cada día con esta simple oración: «Querido Dios, gracias por permitirme despertar esta mañana».

Promesa por la tarde

A veces me siento como la roca.

«Adelántate al pueblo —le aconsejó el Señor— y llévate contigo a algunos ancianos de Israel, pero lleva también la vara con que golpeaste el Nilo. Ponte en marcha, que yo estaré esperándote junto a la roca que está en Horeb. Asséstale un golpe a la roca, y de ella brotará agua para que beba el pueblo». Así lo hizo Moisés, a la vista de los ancianos de Israel.
(Éxodo 17:5-6)

El desierto es un lugar muy difícil para vivir. Hace varios años en el mes de julio, que es una de las épocas más calurosas del año, hice una caminata desde Jericó hasta

Jerusalén por Wadi Kelt. Bien pudimos haber estado a más de 100 grados Fahrenheit (37.77 grados Centígrados) en la sombra. Caminamos durante todo el día. Cerca del final de la caminata varias de las personas de nuestro grupo se sentaron y empezaron a llorar incontrolablemente. Decían: «No puedo ir más lejos. No puedo dar ni un paso más». Yo me sentía igual. Tenía que usar hasta el último gramo de fuerza para poner un pie en frente del otro y dar el siguiente paso.

Los hijos de Israel vagaron en el desierto después de ser liberados de Egipto. Y no tardaron en estar hambrientos y sedientos. Para satisfacer sus necesidades, primero Dios les proporcionó el maná, que aparecía en la tierra cada mañana, y las personas recogían lo suficiente para ese día. El sexto día tenían que recoger el doble, para el sexto día y para el de reposo. Dios les proveía día a día. En segundo lugar, Dios les proveyó agua. La gente comenzó a quejarse por la falta de agua. (Éxodo 17:1-3), así que Dios le dio a Moisés una instrucción: «Adelántate al pueblo —le aconsejó el Señor— y llévate contigo a algunos ancianos de Israel, pero lleva también la vara con que golpeaste el Nilo. Ponte en marcha, que yo estaré esperándote junto a la roca que está en Horeb. Aséstale un golpe a la roca, y de ella brotará agua para que beba el pueblo». En efecto, el agua salió de la roca, y el pueblo quedó satisfecho.

De esta historia aprendemos que Dios provee alimentos y agua en el desierto. De forma similar, cuando tienes una enfermedad grave estás en el desierto. Cada paso exige un gran esfuerzo. Algunas veces tienes ganas de sentarte y llorar y decirle a Dios: «No puedo dar ni un paso más».

Tienes hambre y sed, y Dios siempre te provee solo lo suficiente para ayudarte a salir adelante ese día.

Sin embargo, cuando leo esta historia, siento que tengo mucho en común con la roca. Una roca no produce agua. No puede. Es una roca. La composición de una roca no es propicia para producir nada. Es demasiado dura. Así es como me siento con la enfermedad que tengo. Me siento endurecido. Me siento inmóvil. Me siento atrapado. Pero en el desierto Dios llevó a cabo un milagro asombroso: hizo brotar agua de la roca. Hizo lo imposible. Y sé que Dios también puede hacer eso en mi vida. Cuando siento que estoy endurecido y atrapado, Dios puede hacer fluir agua de la roca. Él puede hacer lo imposible en mi vida.

La enfermedad no es un obstáculo para Dios. Desde un punto de vista humano y médico, esta podría ser una roca. Sin embargo, Dios puede hacer brotar agua de la roca. El agua representa la vida. Sin ella los hijos de Israel habrían muerto en el desierto. Sin agua yo habría muerto en la larga caminata de Jericó a Jerusalén. Y ahora, sin la ayuda de Dios, no puedo lograr vivir un día más. Pero él hace brotar agua de la roca y me da esperanza y vida para otro día. Me veo motivado cuando me siento como una roca porque sé que Dios puede hacer lo imposible con una roca. Así que le estoy pidiendo a Dios que haga lo imposible en mi vida hoy: «Dios, haz brotar agua de la roca. Dame vida y esperanza y fuerza para este día».

Día 6

Oración por la mañana

Dios, dame la gracia de desprenderme de mi familia.

Cuando te diagnostican una enfermedad terminal, una de las primeras preguntas que te vienen a la mente es: ¿qué pasará con mi familia? Poco tiempo después de recibir el diagnóstico, nació nuestra primera nieta. El día de su nacimiento fui con mi esposa a ver a la recién nacida. Tomé a Lucy en mis brazos y la dediqué al Señor. Cuando oraba, me preguntaba si la vería crecer. ¿La vería ir al jardín de niños? ¿La vería graduarse del bachillerato? ¿La vería ir a la universidad? ¿La vería enamorarse y casarse? Mientras sostenía a Lucy en mis brazos sentí un profundo dolor en mi corazón. Sabía que las respuestas a estas preguntas probablemente serían no.

Dejar a tus hijos, tu cónyuge y tus nietos no es algo fácil. Aparentemente tratas de actuar como si todo estuviera bien. Sonríes y ríes e interactúas con ellos como siempre lo has hecho. Pero en lo profundo de ti te preocupas a cada instante por tu futuro y el de ellos. Piensas: *Lo único que quiero es verlos crecer. Lo único que quiero estar ahí con ellos.* El pensamiento de dejarlos atrás es mucho más urgente y difícil que el pensamiento de luchar con tu propia enfermedad y muerte. Así que aprendí a orar: «Dios, dame la gracia de desprenderme de mi familia».

La verdad es que Dios va a cuidar de mi familia. La verdad es que están mejor en las manos de Dios de lo que estarían si estuvieran en mis manos. La verdad es que Dios los va a sustentar y a guiar sin que yo tenga que estar ahí. Así que mi oración no es por ellos. Dios los va a cuidar. Mi oración es por mí. Necesito la gracia para desprenderme de ellos. Por eso estoy aprendiendo a poner a mi familia en las manos de Dios todos los días. Cada vez que lo hago, tengo una profunda paz sobre el futuro. Pero cuando comienzo a sentir que mi familia me necesita y que yo los necesito, me deprimo mucho y me pongo muy susceptible. En ese momento retomo el control de mi familia. Por lo que tengo que volver a entregarla a Dios, pidiéndole otra vez la gracia para desprenderme de ellos. Algunas veces tengo que hacer esta oración varias veces al día: «Dios, dame la gracia de desprenderme de mi familia».

Promesa por la tarde

No te angusties.

Por lo tanto, no se angustien por el mañana, el cual tendrá sus propios afanes. Cada día tiene ya sus problemas.
(Mateo 6:34)

Jesús nos dice en su Sermón del Monte que no nos angustiemos. Eso es fácil de decir, pero resulta muy difícil ponerlo en práctica. El pasado no me preocupa para nada. El pasado ya pasó, y no hay nada que yo pueda hacer para cambiarlo. Pero sí me preocupa el futuro. Y así es como Jesús comienza sus instrucciones acerca de las preocupaciones, hablando de las inquietudes del futuro: «No se preocupen por su vida, qué comerán o beberán; ni por su cuerpo, cómo se vestirán. ¿No tiene la vida más valor que la comida, y el cuerpo más que la ropa?» (Mateo 6:25). Observa el uso que hace del futuro: «qué comerán o beberán ... cómo se vestirán». Jesús sabe que nuestra mayor tendencia es a preocuparnos por el futuro.

La mayoría de mis preocupaciones son sobre el futuro. ¿Qué haré cuando ya no pueda caminar? ¿Qué haré si estoy en una silla de ruedas y tengo que adaptar la casa para poder usarla? ¿Quién cuidará a mi esposa cuando yo ya no esté? ¿Quién estará pendiente de nuestros hijos cuando yo ya no esté? Preguntas. Preguntas. Preguntas. La lista parece interminable. Nunca faltan asuntos por los cuales preocuparse. Con frecuencia me siento como David.

Se me estremece el corazón dentro del pecho,
y me invade un pánico mortal.
Temblando estoy de miedo,
sobrecogido estoy de terror.
¡Cómo quisiera tener las alas de una paloma
y volar hasta encontrar reposo!
Me iría muy lejos de aquí;
me quedaría a vivir en el desierto.
Presuroso volaría a mi refugio,
para librarme del viento borrascoso
y de la tempestad. (Salmo 55:4-8)

Con frecuencia me siento en el porche de mi casa a observar las aves que pasan por la ventana. Mientras las miro, quisiera tener alas y poder volar lejos de mis conflictos y de mi enfermedad. *Si tan solo pudiera intercambiar lugares con una de esas aves,* pienso. *¡Entonces la vida estaría bien!* Luego recuerdo las palabras de Jesús en el Sermón del Monte que tratan de las preocupaciones. «Fíjense en las aves del cielo: no siembran ni cosechan ni almacenan en graneros; sin embargo, el Padre celestial las alimenta. ¿No valen ustedes mucho más que ellas? ¿Quién de ustedes, por mucho que se preocupe, puede añadir una sola hora al curso de su vida?» (Mateo 6:26-27). Cuando me siento con ganas de volar lejos como un ave, este pasaje me recuerda que Dios cuida de las aves. Dios conoce a cada ave, cuida de cada ave, y sabe cuándo muere cada una. Si Dios hace eso por las aves, ¿no cuidará mucho más de mí?

Entonces, ¿cuál es mi responsabilidad respecto a no preocuparme? Jesús nos dice: «Más bien, busquen primeramente el reino de Dios y su justicia, y todas estas cosas les serán añadidas» (Mateo 6:33). Cuando pongo a Dios en primer lugar en todo lo que hago, él cuida de todos los detalles de mi vida. Así que la próxima vez que veas un ave, recuerda que Dios la cuida y que también cuidará de ti. Recuerda asimismo que tu responsabilidad es buscar a Dios primero.

Día 7

Oración por la mañana

Dios, dame la gracia de desprenderme de mi trabajo.

Durante los diecinueve años pasados he sido el pastor principal de la Iglesia Calvary en Grand Rapids, Michigan, y he disfrutado cada minuto de mi ministerio en Grand Rapids. Me encanta predicar. Me encanta liderar. Me encanta evangelizar. Me encanta reunirme con personas. Me encanta visitar hospitales. Me encanta ir a los funerales y a las bodas. Me encantan las juntas con los comités y las del consejo. Esto es lo que fui llamado a hacer, y esto es lo que me encanta hacer. Aun cuando he experimentado retos, dificultades y fracasos, no puedo imaginarme hacer ninguna otra cosa que no sea pastorear, y no puedo imaginarme otro lugar en el que yo prefiriera hacerlo que no sea la Iglesia Calvary en Grand Rapids. Estoy intentando decirte que me encanta ser pastor.

Renunciar a la Iglesia Calvary fue una de las cosas más difíciles que he hecho en la vida. Me tomó varios años reunir la valentía suficiente para hacerlo. Desde mi diagnóstico, la iglesia ha sido muy amable conmigo. Me permitieron ajustar mi horario y reducir el número de veces que predicaba cada semana. Me ayudaron a reorganizar la iglesia para que no tuviera la responsabilidad de todos los ministerios administrativos y cotidianos. Pero no tardé en darme cuenta de que aun cuando mi horario había sido ajustado, y mi carga de trabajo había sido reducida, yo ya no podía cumplir con todas las obligaciones de un pastor principal. Así que tuve que enfrentar la realidad de que la iglesia necesitaba que otra persona fuera el pastor principal.

Le estoy muy agradecido a la directora de la clínica ELA de la Universidad de Michigan por su consejo. Ella me dijo que lo mejor que podía hacer para mi enfermedad era dar ese paso y dejar las responsabilidades de ser pastor de la Iglesia Calvary. Así que cuando regresé de mi visita anual, informé a la junta del consejo que renunciaba como pastor de la Iglesia Calvary. Decidí que haría un rompimiento total con la iglesia. No permanecería ahí durante la transición; no asistiría a la iglesia. Por el bien de mi salud y por la salud de la iglesia, sentí que era importante una separación completa.

Desprenderme de lo que fui llamado a hacer fue inmensamente difícil. Esa era la única vida que había conocido durante diecinueve años. Ese era el único lugar donde había prestado mis servicios durante diecinueve años. Conocía a las personas, la cultura, la comunidad y la iglesia. Ahora estaba dejando todo eso atrás a cambio de un futuro muy incierto. Por eso constantemente oraba diciendo: «Dios, dame la gracia de desprenderme de mi trabajo». Y Dios contestó mis oraciones. Un domingo, después de mi último culto, subí los escalones de la plataforma y salí con mi familia por la puerta de atrás. Me subí al coche y por última vez salí del estacionamiento manejando. Y mientras iba por la salida de atrás, tuve una abrumadora sensación de alivio. Ya no era responsable de la iglesia. Toda la presión había sido mitigada. Era libre.

Han pasado muchos meses desde esa noche. Aunque extraño desesperadamente a todas las personas de la Iglesia Calvary, sé que hice lo correcto. También sé que Dios me ha dado la gracia para moverme más allá del ministerio que tenía allí.

Desprendernos de nuestros trabajos es difícil para quienes tenemos la tendencia a basar nuestra propia valía en lo que hacemos, ya que dejar nuestros trabajos tiene un impacto profundo en nuestra propia autoestima. Pero la gracia de Dios es suficiente hasta en eso. Así que aprende a orar así: «Dios, dame la gracia de desprenderme de mi trabajo. Y dame la gracia de ver mi identidad como algo más de lo que hago».

Promesa por la tarde

Fui reducido a tronco.

Del tronco de Isaí brotará un retoño;
un vástago nacerá de sus raíces.
El Espíritu del Señor reposará sobre él... (Isaías 11:1-2)

Isaías da una doble profecía. Primero, la línea de Isaí será cortada como cuando alguien corta las ramas de un árbol y lo reduce a un tronco. Segundo, una nueva rama emergerá de este tronco, y esa rama es el Mesías prometido. El Espíritu del Señor descansará en él. Cuando los habitantes de Jerusalén estuvieron bajo la cautividad de Babilonia en 586 a.C., fue cortada la línea de David (los descendientes de Isaí). Aun cuando regresaron de la cautividad y reconstruyeron Jerusalén y el templo, la monarquía había llegado a su fin. El árbol había sido reducido a un tronco.

Sé lo que se siente. En una visita al doctor yo había sido reducido a tronco. Fue como si todas mis ramas hubieran sido cortadas. Mis esperanzas y sueños para el futuro habían sido cortados. Las posibilidades de ver crecer a mis hijos y nietos habían sido cortadas. Las posibilidades de predicar y servir a Dios en el ministerio pastoral durante otros quince años habían sido cortadas. Había sido reducido a tronco. Y ser este tronco no es nada divertido.

Sin embargo, el profeta predice que una nueva rama emergerá de este tronco y un vástago nacerá de sus raíces. Esto es una referencia al Mesías que viene: Jesucristo.

El Espíritu del Señor reposará sobre él:
espíritu de sabiduría y de entendimiento,
espíritu de consejo y de poder,
espíritu de conocimiento y de temor del Señor.
Él se deleitará en el temor del Señor. (Isaías 11:2-3)

Dios puede tomar un tronco y de ese tronco producir algo más grande de lo que antes había ahí. La línea de David fue cortada, pero de ese tronco, Dios envió al mundo a su Hijo unigénito como descendiente de David.

Esta también es mi esperanza. Aunque he sido reducido a tronco, puedo confiar en que Dios puede hacer que crezcan ramas de este tronco. Cuando los israelitas fueron llevados a la cautividad y la línea de David fue cortada, fue un día oscuro en la historia judía. Aunque luego regresaron, las cosas nunca fueron igual. Pero Dios tenía para ellos un futuro aun mejor de lo que podían haber imaginado. Y lo mismo es cierto para mí. Aun cuando estoy enfrentando una enfermedad debilitante y terminal, sé que Dios tiene un futuro maravilloso para mí. Y ese futuro no solo está en el cielo. Está justo aquí y ahora. Así que pido un espíritu de sabiduría, entendimiento, consejo, poder y conocimiento.

Día 8

Oración por la mañana

Dios, dame valor para pedirles perdón a las personas a las que he ofendido a lo largo de los años.

Poco tiempo después de que me diagnosticaron mi enfermedad, decidí que en vista de que iba a morir, quería hacerlo con la conciencia tranquila. Sabía que a lo largo de los años había ofendido a varias personas por algo que había dicho o hecho, así que hice una lista de todas ellas. Tomé la decisión de llamarlas o hablar con cada una de ellas y pedirles perdón. Me resultaba muy difícil. Sabía que en algunos casos yo estaba en lo correcto desde un punto de vista bíblico, y las personas a las que había ofendido estaban equivocadas. Sabía que mi petición de perdón sería interpretada como que ellos estaban en lo correcto y yo equivocado. Sabía que irían a su círculo de amigos para informarles que yo estaba completamente equivocado y que había pedido perdón. No obstante, al final decidí que lo correcto sería procurar obtener su perdón. Lo que ellos hicieran con ese perdón dependía de ellos y no de mí.

Así que comencé a llamar a las personas y a reunirme con ellas. Fue toda una experiencia liberadora. Ya podía morir con la conciencia tranquila. También hice una lista de todo el personal que había dejado la iglesia o se le había pedido que lo hiciera. Estaba al tanto de que algunos de ellos sentían que habían sido ofendidos profundamente por la manera en que la iglesia los trató. Así que fui con cada uno de ellos en forma individual y le ofrecí disculpas en nombre de la iglesia. Mis últimas palabras a la Iglesia Calvary en mi último culto fueron pronunciadas a la manera de un breve vídeo. Decía. «A aquellos que he ofendido de palabra o de obra, o por no hacer lo que dije que haría, les pido perdón. Y los que me han ofendido de palabra o de obra, o por no hacer lo que dijeron que harían, por favor sepan que los perdono. Quiero dejar la Iglesia Calvary con la conciencia tranquila».

Una de las bendiciones de tener una enfermedad terminal es que tienes la oportunidad de resolver el problema de las relaciones rotas. En el ministerio pastoral he conocido a muchas familias que no tuvieron esta oportunidad. Si hubieran sabido que la persona iba a morir, habrían resuelto sus diferencias con esa persona. Pero ya era demasiado tarde. Así que permíteme motivarte a hacer una lista de las personas a las que probablemente has ofendido a lo largo de los años. Comienza con tu propia familia. Extiéndela a tu círculo de amigos y a aquellos que trabajan contigo. Luego pídele a Dios que te dé la valentía para ir a pedirles perdón. Una de las mejores cosas que puedes hacer por ti mismo es resolver esas relaciones personales antes de morir. Y una de las mejores cosas que puedes hacer por los que te rodean es buscar su perdón.

Promesa por la tarde

Estoy hundiéndome cada vez más. ¿Hay tierra sólida donde pararme?

Él es la Roca, sus obras son perfectas,
y todos sus caminos son justos.
Dios es fiel; no practica la injusticia.
Él es recto y justo. (Deuteronomio 32:4)

Mi enfermedad es degenerativa y terminal. El aspecto degenerativo de mi enfermedad significa que es una espiral dirigiéndose de continuo hacia abajo. Comenzó en mi mano y brazo derechos. Luego se extendió a mi mano y brazo izquierdos. También se extendió por mi cuello, espalda, estómago, y lengua. Durante los últimos años, los músculos de esas áreas se han debilitado cada vez más. Cuando comienzo a ajustarme a una debilidad específica, algo más se debilita también. No hay terreno firme. No hay descansos, no hay indultos.

La mayoría de las enfermedades terminales son parecidas. A las buenas noticias les siguen las malas noticias, a las cuales les siguen peores noticias, a las que les siguen noticias ligeramente mejores, a las cuales les siguen terribles noticias. Es como subirte a una montaña rusa. Un día estás arriba, y al siguiente estás abajo. Una hora te sientes bien, y la siguiente te sientes mal. Anhelas algo de estabilidad. Es como hundirte lentamente en arenas movedizas, y anhelas algo de tierra sólida en la cual estar firme.

Cuando Moisés llegó al final de su jornada terrenal, dio algunos mensajes al pueblo de Israel. Uno de estos mensajes fue pronunciado por medio de un canto, que se encuentra en Deuteronomio 32. El tema de este canto es que Dios es una roca.

Él es la Roca, sus obras son perfectas,
y todos sus caminos son justos.
Dios es fiel; no practica la injusticia.
Él es recto y justo. (Deuteronomio 32:4)

Más adelante en el canto, Moisés dice que Dios es como ninguna otra roca. «Su roca no es como la nuestra. ¡Aun nuestros enemigos lo reconocen!» (v. 31). ¿Qué significa que Dios es *la* Roca? En primer lugar, significa que él es tierra sólida en la cual puedes sostenerte de pie. Cuando todo lo que te rodea está en constante cambio, incluyendo tu salud, puedes depender del Dios que no cambia. Él es la Roca cuando todo lo que te rodea es arena movediza. En segundo lugar, si una roca es lo suficiente grande, te ofrece sombra para cubrirte del calor del sol desértico. Dios es nuestra sombra, o refugio. Nos protege del constante calor de la vida.

¿Te sientes como si estuvieras hundiéndote constantemente? ¿Estás buscando algo de estabilidad, algo de tierra sólida en la cual estar firme? Entonces ya no busques más. Dios es la roca en la cual puedes sostenerte de pie. Moisés dice:

Proclamaré el nombre del Señor.
¡Alaben la grandeza de nuestro Dios!
Él es la Roca, sus obras son perfectas,

y todos sus caminos son justos ...
Él es recto y justo. (Deuteronomio 32:3-4)

Dile a Dios ahora mismo: «Declaro que tú eres mi Dios. Te doy las gracias porque eres un gran Dios. Tú eres más grande que mi enfermedad. Eres mi Roca. Todo lo que haces es perfecto. Todos tus caminos son rectos. Por eso te alabo». Luego considera las palabras del siguiente himno:

El Señor es nuestra Roca, en él nos escondemos,
Es un Abrigo en tiempos de tormenta;
Sea la enfermedad que fuere, en él nos protegemos
Es un Abrigo en tiempos de tormenta.

Oh, Jesús es una Roca en tierra extenuada,
tierra extenuada, tierra extenuada,
Oh! Jesús es una Roca en tierra extenuada,
Es un Abrigo en tiempos de tormenta.

De día una Sombra, de noche Protección,
Es un Abrigo en tiempos de tormenta;
No hay temor que alarme, ni enemigo que cause aprensión,
Es un Abrigo en tiempos de tormenta.

Podrán las tormentas embravecidas sitiarnos,
Pero él es un Abrigo en tiempos de tormenta;
De nuestro resguardo seguro nunca debemos alejarnos,
Él es un Abrigo en tiempos de tormenta.

Oh Refugio amado, Oh Roca omnipotente,
Un Abrigo en tiempos de tormenta;
Sé Tú nuestro Ayudador siempre presente,
Un Abrigo en tiempos de tormenta.

Vernon J. Charlesworth, 1880

Día 9

Oración por la mañana

Bendito seas, Dios, Dios nuestro, Rey del universo.

Hace varios años mi hijo mayor y yo tomamos un curso requerido para convertirse al judaísmo en una sinagoga judía local. No tomamos el curso porque quisiéramos convertirnos del cristianismo, sino simplemente porque queríamos entender mejor el judaísmo. Cada lunes por la noche durante todo un año escuchamos al rabino darnos instrucciones sobre la forma de vida judía. Estudiamos acerca del Sabbat, su día de reposo. Estudiamos sus diversas festividades, y también lo que significaba comer de acuerdo con el ritual judío.

Una de las cosas que aprendimos fue la bendición judía oficial. Cuando los cristianos oran por los alimentos, con frecuencia le piden a Dios que los bendiga. Desde el punto de vista judío, esto es muy tonto. Después de todo, Dios ya bendijo los alimentos. Envió la lluvia. Envió la luz del sol. Suplió buena tierra para cultivar las cosechas. Dio a los granjeros la habilidad de cultivar los alimentos y a los panaderos la habilidad de hornear el pan. Por eso, en lugar de pedirle a Dios que bendiga los alimentos, los judíos bendicen a Dios por los alimentos. Al comienzo de la comida oran así: «Bendito seas, Dios, Dios nuestro,

Rey del universo, quien provee el pan de la tierra».

La primera parte de la bendición es una fórmula que se usa a lo largo del día para bendecir a Dios: «Bendito seas, Dios, Dios nuestro, Rey del universo...». Ellos bendicen a Dios por la lluvia, la luz del sol, el vino, incluso tienen una bendición para la limpieza del colon. Así que cuando van al baño oran así: «Bendito seas, Dios, Dios nuestro, Rey del universo porque limpias el colon».

Es por eso que en medio de mi enfermedad, comencé a bendecir a Dios por todos los regalos de la vida. Utilizo esta fórmula oficial (la aprendí en hebreo), y bendigo a Dios por cada día. Bendigo a Dios por la habilidad de ducharme y vestirme solo. Bendigo a Dios por la habilidad de abotonarme los botones. Bendigo a Dios por la habilidad de llevar mi comida a la boca aun cuando ya no puedo hacerlo con la mano derecha. Bendigo a Dios por todo lo que puedo hacer y por cada talento que procede de él.

Por tanto, permíteme animarte a bendecir a Dios el día de hoy. Usa esta misma fórmula, y después agrégale aquello por lo cual quieras bendecir a Dios. Si lo prefieres, puedes sustituir la palabra *alabo* por la palabra *bendigo*. Cuando bendices a Dios, no le estás añadiendo valor a Dios en el mismo sentido que Dios te bendice. Estás alabando a Dios como la fuente de todo don perfecto y bueno. «Bendito seas, Dios, Dios nuestro, Rey del universo, quien...»

Promesa por la tarde.

Jesús es el Alfa y la Omega.

Yo soy el Alfa y la Omega, el Principio y el Fin.
(Apocalipsis 21:6)

La declaración de Jesús de que él es el Principio y el Fin sigue a la descripción del cielo, que hace Juan, como un lugar donde ya no hay muerte, luto, llanto o dolor. El que está sentado en el trono (Jesús) dice: «¡Yo hago nuevas todas las cosas!» (Apocalipsis 21:5), y continúa diciendo: «Yo soy el Alfa y la Omega». Puesto que alfa es la primera letra del alfabeto griego y omega la última, Jesús está diciendo que él es el primero y el último.

Sé que Jesús es el Alfa en mi vida. Él estuvo ahí en el principio. En realidad, él estuvo trascendentalmente involucrado en mi vida aun antes de que yo naciera.

¡Te alabo porque soy una creación admirable!
¡Tus obras son maravillosas,
y esto lo sé muy bien!
Mis huesos no te fueron desconocidos
cuando en lo más recóndito era yo formado,
cuando en lo más profundo de la tierra
era yo entretejido.
Tus ojos vieron mi cuerpo en gestación.
(Salmos 139:14-16)

Dios estuvo profundamente involucrado en mi vida desde el momento en que fui concebido. Estaba ahí cuando nací. Estaba ahí cuando yo era niño. Estaba ahí cuando era adolescente. Él es el Alfa de mi vida. Pero también es la Omega. Cuando llegue al final de mi jornada terrenal y esté listo para cruzar la línea, él estará ahí como la Omega de mi vida. El Dios que estaba conmigo antes de que naciera es el Dios que estará conmigo cuando llegue el fin de la jornada de mi vida.

Dios es Dios de principio a fin. Jesús es Jesús de principio a fin. Él es el Primero y el Último. Es el Alfa y la Omega. Es el Principio y el Fin. En otras palabras, desde el principio hasta el fin, Jesús es todo lo que necesito. En el libro de Hechos (7:54-60) leemos que cuando llegó el fin de la jornada de Esteban, Jesús estaba ahí para reunirse con él. Esteban exclamó: «¡Veo el cielo abierto ... y al Hijo del hombre de pie a la derecha de Dios!» La multitud se enfureció y comenzó a apedrearlo. Mientras lo estaban apedreando, él oraba: «Señor Jesús ... recibe mi espíritu». Después le pidió a Dios que perdonara a las personas que lo estaban apedreando. «Y habiendo dicho esto, durmió» (Hechos 7:60, RV60). Jesús estaba ahí al final de la vida de Esteban, y el texto simplemente dice: «Durmió». Sé que ese mismo Jesús estará conmigo cuando llegue al final de mi vida. Y espero que se diga de mí: «¡Durmió!»

Día 10

Oración por la mañana

Dios, te confieso todos los pecados que conozco.

Sabemos que existe cierta relación entre las enfermedades y el pecado. «El corazón tranquilo da vida al cuerpo, pero la envidia corroe los huesos». (Proverbios 14:30). La mayoría de la gente que vivió en los tiempos bíblicos creía que había un vínculo entre el pecado y la enfermedad. Si una persona estaba enferma, eso significaba que en la vida de esa persona había pecados no confesados. Incluso los discípulos de Jesús creían esto. «A su paso, Jesús vio a un hombre que era ciego de nacimiento. Y sus discípulos le preguntaron: "Rabi, para que este hombre haya nacido ciego, ¿Quién pecó, él o sus padres?"» (Juan 9:1-2). Jesús disipó la idea de que la enfermedad y el pecado están siempre vinculados, al decir: «Ni él pecó, ni sus padres ... sino que esto sucedió para que la obra de Dios se hiciera evidente en su vida» (v. 3).

No todas las enfermedades son resultado del pecado, sino solo algunas. Por eso cuando te diagnostican una enfermedad terminal, es un tiempo maravilloso para confesarle a Dios todos los pecados que conozcas. Cuando le confiesas tus pecados a Dios, no debes esperar una sanidad inmediata. Pero puedes esperar que la paz de tu corazón le dé vida a tu cuerpo, pues confesar nuestros pecados nos conduce a tener paz en el corazón, y la paz del corazón le da vida a todo el cuerpo.

Por tanto, haz una lista de todos tus pecados. Las cosas que dijiste que harías y no hiciste. Las actitudes equivocadas que has albergado hacia ti mismo y hacia otros. Las veces que desobedeciste a Dios abiertamente. La envidia. Los celos. La malicia. La lujuria. El orgullo. Y muchas cosas más. Después confiésale cada pecado a Dios y pídele su perdón. La confesión es buena para el alma, buena para el corazón, y buena para tu vida. Te libertará de las ataduras de tu pasado.

Promesa por la tarde

Vivimos en ollas de barro.

Pero tenemos este tesoro en vasijas de barro para que se vea que tan sublime poder viene de Dios y no de nosotros. Nos vemos atribulados en todo, pero no abatidos; perplejos, pero no desesperados; perseguidos, pero no abandonados; derribados, pero no destruidos. Dondequiera que vamos, siempre llevamos en nuestro cuerpo la muerte de Jesús, para que también su vida se manifieste en nuestro cuerpo. (2 Corintios 4:7 – 10)

La ciudad de Corinto era conocida por sus talleres de alfarería, los cuales se especializaban en una alfarería muy delgada y frágil que, por lo tanto, se rompía con facilidad. Al escribir a la iglesia de esa ciudad, Pablo les recuerda que Cristo habita en vasijas de barro humanas. Estas vasijas de barro son frágiles y se rompen fácilmente, sin embargo, el tesoro de Cristo vive en su interior. Mi vasija de barro está quebrantada, y la tuya también. Me siento igual que Pablo en muchos aspectos. Estoy atribulado. Estoy en apuros. Estoy perseguido. Estoy derribado. El verbo que se traduce como «derribar» en realidad es un término de atletismo. En las luchas significa derribar a alguien arrojándolo al piso. Me siento como si me hubieran derribado en el piso, y como si me hubieran sacado todo el aire.

Pablo continúa diciendo: «Por tanto, no nos desanimamos. Al contrario, aunque por fuera nos vamos desgastando, por dentro nos vamos renovando día tras día» (2 Corintios 4:16). Pablo había aceptado un importante principio bíblico. Mientras nuestra salud física declina, nuestra salud espiritual puede aumentar. Mientras el cuerpo físico comienza a desgastarse, podemos ser fortalecidos cada día. Esto significa que mientras mi enfermedad evoluciona y mi salud declina, mi vida espiritual debería progresar. Observa que esta renovación es un asunto cotidiano. La renovación que experimenté ayer no es lo suficiente buena para hoy. Necesito ser renovado otra vez hoy. La renovación que experimento hoy no es lo suficientemente buena para mañana. Necesito ser renovado en mi ser interior todos y cada uno de mis días. Así como mi enfermedad empeora cada día, mi vida espiritual debe mejorar todos los días.

Entonces, ¿cómo podemos ser renovados cada día? Somos renovados a través de la oración, de la lectura de la Palabra de Dios, al darle gracias a Dios, al disfrutar la amistad de otros, y al aceptar la gracia y la fuerza de Dios. Uno de los retos más grandes que enfrentan quienes tienen una enfermedad grave es que no se sienten con ganas de orar o leer o dar gracias por estar cerca de los demás. En mi propia jornada he descubierto que las oraciones breves, las lecturas breves de la Biblia y los tiempos breves con los amigos tienen el atributo de renovarnos a diario.

Pablo concluye su debate del sufrimiento con las siguientes palabras: «Pues los sufrimientos ligeros y efímeros que ahora padecemos producen una gloria externa que vale muchísimo más que todo sufrimiento. Así que no nos fijamos en lo visible sino en lo invisible, ya que lo que se ve es pasajero, mientras que lo que no se ve es eterno» (2 Corintios 4:17-18). Observa que Pablo llama a sus problemas «ligeros y efímeros». Cuando lees este capítulo completo, descubres que, desde luego, sus problemas no eran ligeros. Mas Pablo comprendía que comparados con la eternidad, eran ligeros y efímeros. Así es mi enfermedad. Por lo tanto estoy enfocando mi atención en lo eterno, no en lo temporal.

Día 11

Oración por la mañana

Dios, ayúdame a perderme en el asombro de quien tú eres.

En cuanto me dieron el diagnóstico de mi enfermedad, quise que me ungieran con aceite y que oraran por mí los que en verdad creían en la sanidad divina. Así que llamé a mi buen amigo Wayne Benson, antiguo pastor de la Primera Asamblea de Dios en Grand Rapids. Sabía que él creía en la sanidad divina, por eso les pedí a él y a su esposa que vinieran y me ungieran con aceite.

La noche que vinieron fue una de las noches más poderosas de toda mi vida. Wayne y su esposa pasaron varias horas con mi esposa y conmigo. Hablaron de sanidades. Nos contaron historias de personas de su iglesia que habían sido ungidas con aceite y habían sido milagrosamente sanadas. También nos contaron historias de personas que fueron ungidas con aceite y que no habían sido sanadas milagrosamente. Antes de que Wayne me ungiera con aceite, me dio este consejo: «No te obsesiones con la sanidad. Piérdete en el asombro de Dios, y quién sabe lo que Dios hará por ti». *Piérdete en el asombro de Dios.* Había estado perdido en el asombro de mi enfermedad. Ahora se me estaba diciendo que me perdiera en el asombro de Dios.

Así que he intentado elevar mi enfoque por encima de mi enfermedad y mantenerlo conectado al asombro de Dios. El Dios que creó y sustentó el universo. El Dios que me creó. El Dios de quien obtengo vida. El Dios que sabe más acerca de mi enfermedad que todos los médicos del mundo juntos. El Dios que tiene el poder de tocar mi cuerpo y revertir los estragos de esta enfermedad.

Hace poco acampamos una noche lejos de cualquier señal de civilización. Levantamos nuestras tiendas de campaña en un páramo cerca de un pequeño lago. El cielo estaba despejado, nunca antes había visto las estrellas tan brillantes como esa noche. Era como si al estirarme pudiera tocarlas. Estuve mucho tiempo tendido en el suelo mirando las estrellas. Luego me di cuenta de que el Dios que creó todas las estrellas era el Dios que me ama y demostró su amor enviando a Jesús. Yo soy importante para este Dios. Él no envió a su Hijo para salvar a las estrellas. Envió a su Hijo para salvarme a mí. Ese fue uno de los momentos en los que me sentí perdido en el asombro de Dios. Aún oro: «Dios, ayúdame a perderme en tu asombro».

Promesa por la tarde

Él es todo lo que necesitas.

Sé lo que es vivir en la pobreza, y lo que es vivir en la abundancia. He aprendido a vivir en todas y cada una de las circunstancias, tanto a quedar saciado como a pasar hambre, a tener de sobra como a sufrir escasez. Todo lo puedo en Cristo que me fortalece ... Así que mi Dios les proveerá de todo lo que necesiten, conforme a las gloriosas riquezas que tiene en Cristo Jesús. (Filipenses 4:12-13,19)

Estas son unas de las promesas más asombrosas de toda la Biblia: todo lo podemos en Cristo que nos infunde fortaleza, y Dios proveerá para todas nuestras necesidades todo el tiempo. Estas promesas son especialmente vitales cuando enfrentas una enfermedad grave. Lo que necesito más que ninguna otra cosa es el conocimiento de que puedo hacer todas las cosas y que Dios suplirá todas mis necesidades. Pablo escribió estas promesas bajo circunstancias muy difíciles: estando en prisión. Piensa en las palabras verdaderas contenidas en cada promesa.

«*Todo lo puedo*». Algunas mañanas me levanto de la cama con mucha dificultad. A menudo apenas puedo enfrentarme a mi familia y amigos. En ocasiones me es muy difícil atender los asuntos del trabajo. A veces no puedo enfrentar las incertidumbres del futuro. Hay muchas cosas que hago con dificultad. Pero Dios promete que ¡todo lo puedo en Cristo! La clave está en entender que lo que hago no lo hago con mis propias fuerzas. Más bien, lo hago, con las fuerzas que Dios me da. Así que la clave para hacer todo es descansar en el poder de Dios y no en mis propias fuerzas.

«*Mi Dios*». El que me infunde fortaleza no es un espíritu abstracto que está flotando por todo el espacio. Él es «mi Dios». Me conoce. Me creó. Sabe lo que está sucediendo en mi cuerpo. Sabe cada detalle de mi enfermedad. Sabe mi futuro. ¡Este es mi Dios!

«*Les proveerá de todo lo que necesiten*». Esta es una promesa absoluta de un Dios absoluto. No es especulación. No es que «posiblemente» proveerá todas mis necesidades. La verdad es que él proveerá todas mis necesidades. Lo que yo estoy enfrentando puede ser diferente a lo que tú estés enfrentando. Tus necesidades puede que sean diferentes a las mías. Tu situación puede ser diferente a la mía. Pero esta promesa trasciende nuestras diferencias. Proveerá para tus necesidades, mis necesidades, y las necesidades de todos los que descansan en Dios.

«*Conforme a las gloriosas riquezas*». Dios nunca está en bancarrota. De sus gloriosas riquezas provee para mis necesidades, las tuyas y las de todos. Y cuando provee para todas nuestras necesidades, sus riquezas no son menos que cuando comenzó.

«*En Cristo Jesús*». «Alabado sea Dios, Padre de nuestro Señor Jesucristo, que nos ha bendecido en las regiones celestiales con toda bendición espiritual en Cristo» (Efesios 1:3). Todo lo que Dios hace por nosotros cuando provee nuestras necesidades lo hace porque estamos en Cristo.

¿Necesitas fuerzas? Dios prometió fortalecernos. ¿Tienes necesidades? Dios prometió proveer para todas nuestras necesidades con sus gloriosas riquezas en Cristo Jesús. Repite estos versículos una y otra vez. Memorízalos. Continúa diciéndolos. No se me ocurre ningún otro versículo más apropiado para quienes luchamos contra una enfermedad grave.

Día 12

Oración por la mañana

Dios, dame un motivo para reír.

Recuerdo haber leído la historia de un médico que estaba muy enfermo en el hospital. Tenía un dolor terrible, y ninguna medicina parecía aliviar su sufrimiento. Los doctores le hicieron todas las pruebas posibles, sin embargo estaban completamente desconcertados. No podían encontrar la causa de la enfermedad y no podían hacer que disminuyera la intensidad del dolor. Para este médico, el futuro parecía no tener esperanzas. Estando en cama en el hospital, empezó a ver la televisión. Cuando vio a los Tres Chiflados, empezó a reír. Y de inmediato se dio cuenta de que se le quitaba el dolor cuando reía. Así que empezó a ver muchas películas de los Tres Chiflados. Mientras más reía, mejor se sentía. Literalmente recuperó su salud riéndose.

Cuando tienes una enfermedad terminal, hay pocos motivos para reír. Todo acerca de tu enfermedad y de tu futuro es oscuro y deprimente. Cada decisión que tomas tiene un impacto sobre tu vida y tu futuro. Pero no te olvides de reír. El día que me diagnosticaron ELA, fui a correr al club de atletismo local. Por lo general corro a la misma hora, así que conozco a las personas que van a correr a esa hora. Cuando di la vuelta en una esquina, pasé junto a una mujer joven que conocía porque iba a correr regularmente y le pregunté cómo le estaba yendo. «Me estoy muriendo», contestó. «¡Yo también!» le dije. El resto del camino alrededor de la pista reí y reí y reí. Y me sentí bien.

Pocos días después llegué a mi oficina, y delante de la puerta había un hermoso arreglo floral. Pensé: *Esto en verdad es bueno. Alguien pensó en mí y en mi enfermedad y simplemente quiere motivarme.* Me incliné para ver la tarjeta y descubrí que me había sido enviada por una funeraria. Me reí y reí y reí.

Pero debo decirte que los momentos de risa son pocos y distanciados. Por lo que por regla general oro así: «Dios, dame un motivo para reír». Cuando quiero ver la televisión o una película, por lo general opto por una comedia. Anoche cenamos con unos amigos muy cercanos. Nos reímos juntos la mayor parte de la noche, no puedo explicarte lo maravilloso que esto se siente cuando estás enfrentando una enfermedad terminal. Así que ríete un poco hoy.

Promesa por la tarde

Aprende a regocijarte en cualquier circunstancia.

La piedra que desecharon los constructores
ha llegado a ser la piedra angular.
Esto ha sido obra del SEÑOR,
y nos deja maravillados.
Éste es el día en que el SEÑOR actuó;
regocijémonos y alegrémonos en él.
(Salmo 118:22-24)

La noche en que Jesús fue traicionado, se reunió con sus discípulos en un aposento alto para celebrar la Pascua. Durante la cena partió el pan y les dijo a sus discípulos que el pan representaba su cuerpo, que sería quebrado por ellos. Después tomó el vino y declaró que ese era el vino del nuevo pacto de su sangre por el perdón de los pecados. Al terminar los alimentos, elevaron un cántico y salieron ya de noche. ¿Qué cantaron? El Hallel, la sección de los Salmos 113 al 118. Los primeros dos salmos se cantan al comenzar los alimentos, y el resto se canta al terminarlos.

En la primera parte del Salmo 118, el salmista habla del amor perdurable de Dios. «Den gracias al SEÑOR, porque él es bueno; su gran amor perdura para siempre» (v. 1). De hecho, la frase «su amor perdura para siempre» se repite cuatro veces. El salmo también habla del rechazo y del sufrimiento de Jesús. «La piedra que desecharon los constructores ha llegado a ser la piedra angular» (v. 22). Después el salmo dice: «Éste es el día en que el SEÑOR actuó; regocijémonos y alegrémonos en él» (v. 24).

En la Última Cena, Jesús estaba enfrentando la cruz. Solo él sabía el terrible camino que tenía por delante. Además de todo el dolor físico de la crucifixión, sabía que llevaría los pecados del mundo entero. En un momento del tiempo, sufriría para nuestro beneficio el infierno eterno. Jesús sabía que en la oscuridad de esa hora, Dios Padre le daría la espalda y se vería forzado a decir: «Dios mío, Dios mío, ¿por qué me has desamparado?» (Mateo 27:46). El Hijo perfecto de Dios tomaría mis pecados sobre sí. Luego sufriría la condena de ese pecado y soportaría toda la justicia e ira de Dios contra todos los pecados de todos los tiempos. Solo él sabía lo que había por delante. Y sin embargo pudo decir: «Éste es el día en que el SEÑOR actuó; regocijémonos y alegrémonos en él».

Si Jesús pudo cantar unas horas antes de enfrentar la cruz, yo puedo enfrentar cantando lo que tengo delante de mí. Él dijo que sería traicionado por uno de los suyos. Pedro lo negaría tres veces. Todos los discípulos huirían. También sería acusado falsamente y condenado a morir. Cargaría su propia cruz y sería clavado en ella. Derramaría su sangre por el perdón de los pecados. Y en el momento de la más profunda desesperación, Dios Padre le daría la espalda. Aún así pudo cantar: «Éste es el día en que el SEÑOR actuó; regocijémonos y alegrémonos en él».

«Dios, tú sabes que no estoy enfrentando la cruz. No he sido traicionado o rechazado. No estoy llevando los pecados del mundo. Y en mi desesperación más profunda, no me has abandonado. Así que ¡ayúdame a cantar!»

Este es el día,
Este es el día
Que hizo el Señor,
Que hizo el Señor.
Nos regocijaremos,
Nos regocijaremos
Y nos alegraremos en él,
Y nos alegraremos en él.
Este es el día que hizo el Señor.
Nos regocijaremos y nos alegraremos en él.
Este es el día,
Este es el día
Que hizo el Señor.

Les Garrett

Día 13

Oración por la mañana

Dios, ayúdame a ignorar las afirmaciones negativas de los demás y recuérdame que sus intenciones son buenas.

Cuando tienes una enfermedad terminal, las personas te dicen muchas cosas tontas y negativas. Sé que tienen buenas intenciones, pero no tienen ni idea del impacto que esas afirmaciones tienen sobre ti. Algunas personas me dicen: «Ah, tienes una enfermedad terminal. Bueno, como tú sabes, todos estamos muriéndonos». Lo que no entienden es que aunque tenemos un conocimiento intelectual de que nos estamos muriendo, los que tenemos una enfermedad terminal *sentimos* que nos estamos muriendo. Y hay una gran diferencia entre saberlo y sentirlo. Los espasmos, la debilidad de mis músculos y las cosas que ya no puedo hacer son recordatorios constantes y continuos de que mi reloj está marcando el tiempo y de que mis días están contados. En lo profundo de mi ser siento que estoy muriéndome. Me consuela muy poco cuando aquellos que no están lidiando con una enfermedad terminal me dicen alegremente: «Bueno, todos estamos muriéndonos».

Otras personas tratarán de animarme con lo siguiente: «Mi tío murió de la misma enfermedad en seis meses. Tal vez te gustaría hablar con mi tía para que te anime un poco». Yo no quiero hablar de alguien que murió pronto de esta enfermedad. Si voy a hablar de esta enfermedad con alguien, quiero que sea alguien que la haya combatido, la haya aplazado y que ¡todavía esté vivo! Otros me han dicho: «Tienes que ver la película Martes con mi viejo profesor. Seguro que te anima». Nuevamente, no quiero ver una película acerca de alguien que está muriéndose de esta enfermedad. Si voy a ser animado, quiero ser animado por alguien cuya enfermedad esté avanzando con lentitud, alguien que haya sobrevivido durante un prolongado período de tiempo.

Al principio me sentía un poco ofendido por las personas que me daban consejos negativos. Pero luego me di cuenta de que no sabían por lo que yo estaba pasando. En realidad quieren ayudar, y creen que su consejo me será de gran ayuda. Quieren hacer algo, y eso es lo mejor que me pueden sugerir. Así que en realidad no debería sentirme ofendido. He aprendido a agradecerlo aun cuando no siga sus consejos. Uno de los peligros de esto es aceptar consejos negativos y permitirles que impacten tu forma de pensar respecto a tu enfermedad. Así que oro diciendo: «Dios, ayúdame a ignorar las afirmaciones negativas de los demás y recuérdame que sus intenciones son buenas».

Promesa por la tarde

Acepta vivir con una espina en la carne.

Para evitar que me volviera presumido por estas sublimes revelaciones, una espina me fue clavada en el cuerpo, es decir, un mensajero de Satanás, para que me atormentara. Tres veces le rogué al Señor que me la quitara; pero él me dijo: «Te basta con mi gracia, pues mi poder se perfecciona en la debilidad».
(2 Corintios 12:7-9)

No sabemos cuál era la espina de Pablo en la carne. Pero sí sabemos que tenía que ver con su cuerpo. Tal vez era una enfermedad o una discapacidad. Sabemos que le molestaba y lo humillaba. Él dice que esta evitaba que se volviera presumido. La enfermedad hará esto. Derribará todo tu orgullo.

Pablo hizo lo que todos nosotros hacemos cuando nos enfrentamos a una espina en el cuerpo: oró. Tres veces le rogó al Señor que se la quitara. Sabemos que Pablo tenía el don de sanidad. Cuando iba rumbo a Roma por estar acusado ante el César, su barco naufragó cerca de la isla de Malta. El padre del funcionario principal de la isla estaba enfermo, así que Pablo fue a verlo. Pablo impuso sus manos sobre él, oró por él y lo sanó. «Como consecuencia de esto, los demás enfermos de la isla también acudían y eran sanados» (Hechos 28:9). Pablo tenía el poder de sanar, y esa sanidad era ejercida en el contexto de la oración. Aun cuando él tenía el poder de sanar a otros, no se sanó a sí mismo. Oró, pero no fue sanado.

En su lugar, Dios le dio una respuesta extraordinaria. «Te basta con mi gracia, pues mi poder se perfecciona en la debilidad». Dios no contestó la oración de Pablo. Por lo menos no la contestó en la forma que él había anticipado o pedido. Pero sí la contestó. Dios le respondió a Pablo recordándole que su gracia y su poder serían suficientes. En efecto, Pablo descubriría el poder de Dios a través de su debilidad personal. Pablo prosiguió diciendo: «Por lo tanto, gustosamente haré más bien alarde de mis debilidades, para que permanezca sobre mí el poder de Cristo. Por eso me regocijo en debilidades, insultos, privaciones, persecuciones y dificultades que sufro por Cristo; porque cuando soy débil, entonces soy fuerte» (2 Corintios 12:9-10).

En debilidades.

En insultos.

En privaciones.

En persecuciones.

En dificultades.

No estoy seguro de sentir lo mismo que Pablo. Nunca me he sentido emocionado por las debilidades, los insultos, las privaciones, las persecuciones y las dificultades. Pero Pablo estaba emocionado. ¿Por qué? Porque entendió que en los momentos de mayor debilidad iba a descubrir el mayor poder de Dios. Y el poder de Dios siempre compensa nuestra debilidad. En lo que respecta a la espina en mi cuerpo, continúo pidiéndole a Dios alivio y sanidad. Se lo he pedido más de tres veces. Sé que si Dios decide no sanarme, me va a dar la mayor fuerza y el mayor poder para vérmelas con esta debilidad. Puedo estar seguro de esto.

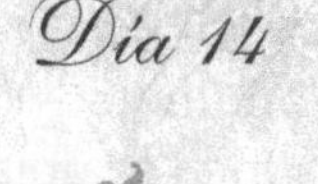

Día 14

Oración por la mañana

Dios, ayúdame a no tener miedo, porque tú estás conmigo.

No tengo temor de estar muerto. Después de todo, sé a dónde voy. Pero tengo miedo de morir. Casi todas las personas con las que he hablado que tienen una enfermedad terminal sienten lo mismo. Todos sabemos a dónde vamos, pero tenemos miedo del proceso por el que tenemos que pasar para llegar ahí. Cada vez que pienso en ese proceso, comienzo a hundirme en la desesperación. Y cuanto más pienso en eso, más me hundo. Poco tiempo después de mi diagnóstico me topé con unos versículos que me han sustentado en mis horas más oscuras.

«Dios ha dicho: "Nunca te dejaré; jamás te abandonaré". Así que podemos decir con toda confianza: "El Señor es quien me ayuda; no temeré"» (Hebreos 13:5-6).

«Dios ha dicho: "Nunca te dejaré; jamás te abandonaré". Así que podemos decir con toda confianza: "El Señor es quien me ayuda; no temeré"» (Hebreos 13:5-6).

«Dios ha dicho: "Nunca te dejaré; jamás te abandonaré". Así que podemos decir con toda confianza: "El Señor es quien me ayuda; no temeré"» (Hebreos 13:5-6).

«Dios ha dicho: "Nunca te dejaré; jamás te abandonaré". Así que podemos decir con toda confianza: "El Señor es quien me ayuda; no temeré"» (Hebreos 13:5-6).

«Dios ha dicho: "Nunca te dejaré; jamás te abandonaré". Así que podemos decir con toda confianza: "El Señor es quien me ayuda; no temeré"» (Hebreos 13:5-6).

Si leíste este versículo una vez y te saltaste las otras lecturas, regrésate y lee otra vez. Cada vez que me hundía en la desesperación, me tomaba cinco minutos de descanso y repetía esta promesa una y otra vez durante los cinco minutos completos. Al final de los cinco minutos, comenzaba a creer en lo que estaba diciendo. Tú puedes hacer que estos versículos sean la oración del día. Puedes hacer de estos versículos tu oración cada vez que temas por el futuro y por todo el proceso de la muerte. En efecto, como mencioné en el Día 3, escribí estos versículos en una tarjetita y los puse en mi espejo, de modo que cada mañana fueran lo primero que viera cuando entrara en el baño. Cuando mi hijo menor fue a Irak con la Guardia del Ejército Nacional, quité la tarjeta del espejo y se la di. Quería que él supiera que Dios estaría con él cada milla que viajara.

De acuerdo con mi propia experiencia, decir el versículo solo una vez tenía muy poco impacto. Fue solo al repetirlo una y otra y otra vez que empecé a creer que era verdad. Por lo tanto, oro así: «Dios, ayúdame a no tener miedo, porque tú estás conmigo».

Promesa por la tarde

Yo sé que mi redentor vive, y lo veré con mis propios ojos.

Yo sé que mi redentor vive,
y que al final triunfará sobre la muerte.
Y cuando mi piel haya sido destruida,
todavía veré a Dios con mis propios ojos.
Yo mismo espero verlo;
espero ser yo quien lo vea, y no otro. (Job 19:25-27)

La historia de Job es una de las más desconcertantes de toda la Biblia. En cuestión de días, Job perdió a sus hijos, su salud, y sus riquezas. Perdió todo. En su desesperación su esposa le dijo: «¡Maldice a Dios y muérete!» (Job 2:9). Por medio de esta historia sabemos que Satanás fue uno de los causantes de todas estas tragedias en la vida de Job. También sabemos que Dios le permitió a Satanás hacerlo. Si Dios es todopoderoso y nos ama, ¿por qué le permitió a Satanás destruir la vida de Job? Todo el libro de Job está dedicado a estas preguntas, y no hay alguna respuesta completamente satisfactoria.

Job respondió a toda esta injusticia, diciendo:

Yo sé que mi redentor vive,
y que al final triunfará sobre la muerte.
Y cuando mi piel haya sido destruida,
todavía veré a Dios con mis propios ojos.
Yo mismo espero verlo;

espero ser yo quien lo vea, y no otro.
¡Este anhelo me consume las entrañas! (Job 19:25-27)

Job entendió que Dios era su Redentor. Él tenía una relación personal con Dios. Debido a esa relación personal con Dios, podía confiar en él aun cuando su vida no tuviera sentido. Job también se dio cuenta de que había más en la vida que lo temporal. Declaró que cuando su piel fuera destruida, todavía vería a Dios. Prosiguió para enfatizar este punto: «Todavía veré a Dios con mis propios ojos».

La realidad de Job fue moldeada por estas dos ideas: primero, él tenía una relación con Dios, y segundo, un día vería a Dios. Aunque ninguna de estas ideas explica por completo el terrible sufrimiento por el que pasó, lo sostuvieron en medio de la lucha. Yo necesito tener en mente estas mismas ideas en medio de mi propia lucha. Me gustaría tener la respuesta a las preguntas por qué yo, por qué ahora, y por qué esta enfermedad; pero soy totalmente consciente de que quizá nunca obtenga por completo respuestas satisfactorias para estas preguntas. Se irán conmigo a la tumba. Lo que sí sé, sin embargo, es que Dios está conmigo, y que cuando esta vida termine, yo estaré con Dios.

Así que, sin importar lo que estés enfrentando, recuerda que Dios está contigo ahora. Recuerda que si has dedicado tu vida a Cristo, Dios está contigo en este momento, enfrentando esta enfermedad; tu Redentor vive. Y cuando esta vida termine, irás para estar con Dios.

Día 15

Oración por la mañana

Dios, recuérdame que es «si sucede», y no «cuando suceda».

Por último, hermanos, consideren bien todo lo verdadero, todo lo respetable, todo lo justo, todo lo puro, todo lo amable, todo lo digno de admiración, en fin, todo lo que sea excelente o merezca elogio. (Filipenses 4:8)

Durante muchos años una de nuestras tradiciones de Navidad era reunirnos con varias otras parejas para cenar. Era uno de los momentos culminantes del año. Siempre íbamos a la misma casa, y las mismas parejas nos sentábamos alrededor de la mesa para la cena. Comíamos. Hablábamos. Nos reíamos. Llorábamos. Era una noche maravillosa. La última vez que hicimos esto, la anfitriona de la casa donde nos reuníamos estaba desahuciada por el cáncer. Ella era una de las mujeres más destacadas que he conocido. Era esposa, madre, abuela, y catedrática. Para entonces llevaba varios años luchando contra el cáncer.

Rehusaba llamar batalla a su lucha contra el cáncer. Argumentaba que cuando se está en una batalla, se despliegan todos los recursos hacia esa batalla. Y ella no quería hacer eso. Creía que había mucho más en su vida que simplemente el cáncer. Si tenía que usar todas sus energías para luchar contra el cáncer, su vida se limitaría automáticamente, así que continuó viviendo su vida al máximo. Era graciosa y obstinada. Era una de las personas más valientes que he conocido.

Esa noche estando sentados a la mesa, la mujer que estaba junto a mí me preguntó por las perspectivas de mi enfermedad. Empecé a platicarle acerca de la debilidad de mi mano derecha. «Llegará un momento en que perderé la habilidad de usar los dedos, así que la semana pasada mi médico me dijo que debía empezar a escribir con la mano izquierda para que cuando mi mano derecha deje de trabajar, pueda seguir escribiendo». La anfitriona, que tenía cáncer, estaba sentada al otro lado de la mesa escuchando la conversación. Tan pronto como reporté lo que había dicho mi médico, ella dijo: «Es "si sucede", no "cuando suceda"».

¡Qué percepción tan profunda! Yo estaba pensando que se trataba de cuando sucediera. Pero la verdad es que, para ese entonces, todavía podía escribir y hacer todo con la mano derecha. Aún no había perdido la habilidad de usarla. Pero me había sumido en el pensamiento negativo, asumiendo que llegaría el tiempo en el que perdería el uso de mi mano. Mi amiga me recordó que se trata de «si sucede», no de «cuando suceda». Esta nueva percepción ofrecía una profunda diferencia en mi forma de pensar, ya que pensar «cuando suceda» es negativo, pero pensar «si sucede» es positivo. En ese momento descubrí por qué mi amiga había sobrevivido a todos los pronósticos de los doctores: ella vivía pensando «si sucede», no «cuando suceda». A menudo tengo la tendencia a pensar de manera negativa. Pienso en el peor de los casos, y luego considero que cualquier cosa menor a la situación que imagino es una bendición. Por lo tanto, ahora oro así: «Dios, recuérdame que es "si sucede", no "cuando suceda"».

Promesa por la tarde

Hay un tiempo para todo.

Todo tiene su momento oportuno; hay un tiempo para todo lo que se hace bajo el cielo:
un tiempo para nacer,
y un tiempo para morir;
un tiempo para plantar,
y un tiempo para cosechar;
un tiempo para matar,
y un tiempo para sanar;
un tiempo para destruir,
y un tiempo para construir;
un tiempo para llorar,
y un tiempo para reír. (Eclesiastés 3:1-4)

Hay un tiempo para todo. ¿Estás pasando por tiempos difíciles? Espera. Están a punto de mejorar. ¿Estás pasando por tiempos realmente buenos? Espera. Están a punto de empeorar. Ningún día de la vida es igual a otro. De manera especial me gusta la idea en Eclesiastés de que hay «un tiempo para llorar, y un tiempo para reír». He pasado gran parte de mi vida riendo. Después de todo, soy irlandés, y a los irlandeses nos encanta reír.

¿Has escuchado la historia del irlandés que vino a los Estados Unidos y vivió en Boston? Todos los martes iba a la cantina y pedía cuatro cervezas Guinness medianas y se las tomaba. Continuó con esta rutina durante meses. Finalmente, el barman le preguntó: «¿Tiene algún significado especial el hecho de que todos los martes venga por cuatro Guinness?» «Sí lo tiene», dijo el irlandés. «Cuando vivía en Irlanda, todos los martes mis tres amigos y yo acostumbrábamos a ir a la cantina y cada quien bebía una cerveza. Después emigré a los Estados Unidos. Así que todos los martes vengo a la cantina y bebo una cerveza por cada uno de ellos». Un martes después de casi un año, el irlandés entró y pidió tres cervezas en lugar de cuatro. Hizo esto durante varias semanas. Finalmente, el barman le preguntó: «¿Le pasó algo a alguno de tus amigos? Durante las últimas dos semanas has estado bebiendo solo tres cervezas y no cuatro». «En absoluto», dijo el irlandés. «Todos mis amigos están bien. Bebo solo tres cervezas porque yo dejé de beber debido a la Cuaresma». (Por favor, no te ofendas por esta historia acerca de cantinas y bebidas. Soy irlandés ¿sabes? Ríete con ganas y sigue leyendo.)

Me encanta la vida y me encanta reírme. Pero hay más en la vida que reír. También hay un tiempo para llorar, y a mí ya me ha tocado llorar estos últimos cinco años. He llorado por mi falta de movilidad. He llorado porque ya no puedo hacer las cosas que podía hacer habitualmente. He llorado porque esta enfermedad me obligó a renunciar a ser el pastor de una iglesia. He llorado porque si hablo demasiado, comienzo a arrastrar las palabras. He llorado porque apenas si puedo escribir con una computadora. He llorado mientras observo a mi esposa e hijos enfrentar esta enfermedad. He llorado por el efecto que esto ha tenido sobre ellos tanto como por el efecto que ha tenido sobre mí. He aprendido que hay un tiempo para reír así como un tiempo para llorar.

Las enfermedades, las dolencias y la salud son parte del ciclo de la vida. Son algo que cada uno de nosotros enfrentará. No siempre la vida es del todo buena. Tampoco es del todo mala. La vida es una mezcla de cosas buenas y malas, de enfermedades y salud, de risas y llantos. Entonces, ¿qué he aprendido? Cuando las cosas estén bien en la vida, da gracias a Dios. Cuando estén mal, pídele ayuda. Cuando estés enfermo, ora por salud. Cuando tengas buena salud, da gracias a Dios. Cuando sea tiempo para reír, ríete con todas tus ganas. Y cuando sea tiempo de llorar, no te contengas. Estas son las realidades del mundo en el que vivimos. Yo preferiría buenos tiempos, salud y risas. Pero si no estuvieran equilibrados con los tiempos malos, con las enfermedades y con los llantos, entonces los buenos tiempos no nos parecerían tan buenos, la salud no nos parecería tan maravillosa, y la risa no nos parecería tan divertida. Por lo tanto, hoy planeo reír un poco y llorar un poco.

Día 16

Oración por la mañana

Dios, ayúdame a dejar un legado para mi familia.

Mi último culto en la Iglesia Calvary fue muy emotivo. El auditorio estaba lleno y había gente de pie a lo largo de los pasillos. Se llenaron varios cuartos extras. A esto había llegado la iglesia después de diecinueve años. El coro cantó. Las personas compartieron cómo Dios había cambiado sus vidas. Los niños del centro de la ciudad interpretaron una canción «rap» en mi honor. Otros pastores predicaron. Algunas personas mandaron saludos por medio de vídeos. Después mi esposa y yo nos arrodillamos al frente, y se nos comisionó para servir a la iglesia libremente. Estuve rodeado de miles de personas a las que amaba y que me amaban. Muchos de ellos se habían convertido a Cristo bajo mi ministerio. Otros habían crecido en el Señor. Algunos habían tomado un ministerio de tiempo completo como resultado de mis predicaciones. Fue una noche gratificante, enriquecedora y poderosa.

Al final del culto, subí con mi familia los escalones del escenario, salimos por la puerta de atrás, por un pasillo que llevaba al estacionamiento, y luego manejé a casa. Física y emocionalmente no podía soportar estrechar las manos de todas las personas que estaban ahí esa noche, por lo que decidí simplemente irme. Cuando me subí al coche, tuve un increíble sentimiento de alivio. Dejé atrás la Iglesia Calvary y sus miles de personas. Salí caminando con mi familia únicamente. Fue un poderoso recordatorio de que en la vida que tenía por delante, mi familia era lo que realmente importaba. Por lo tanto oré así: «Dios, ayúdame a dejar un legado para mi familia».

Durante los años que estuve en la Iglesia Calvary, dirigí más de cuatrocientos funerales. Siempre me reunía previamente con la familia para hablar de lo que a ellos les gustaría que se dijera y se hiciera en el funeral. Durante mi reunión con la familia, les preguntaba acerca de la persona fallecida. Tomaba notas de lo que decían y trataba de incluir esa información en la meditación que haría en el funeral. Algunas veces las respuestas eran inmediatas y abrumadoras. El cónyuge, los hijos y los nietos hablaban de lo que esa persona significaba para ellos y cómo él o ella influyeron en sus vidas. Por lo general había muchas risas y mucho llanto a medida que reflexionaban sobre la vida de esa persona. Algunas veces, sin embargo, había un silencio muy embarazoso. Decían muy pocas cosas acerca de la persona. Yo me daba cuenta de inmediato de que la persona fallecida ejerció una influencia muy negativa sobre la familia, y que esa familia no quería ser sincera respecto a cómo era en realidad el difunto. Esa persona había fracasado a la hora de dejar un legado para su familia.

Como solo me queda un tiempo limitado, quiero estar seguro de dedicar mi tiempo y mis esfuerzos a mi propia familia. Quiero que las personas de la Iglesia Calvary hablen bien de mí, pero me importa más que mi familia hable bien de mí. Después de todo, cuando tienes presión en tu vida y enfrentas un futuro incierto, te alejas de las miles de personas y te sales caminando con tu propia familia. Es por eso que oro: «Dios, ayúdame a dejar un legado para mi familia».

Promesa por la tarde

Todos necesitamos a un amigo que nos acompañe.

«Puedes irte tranquilo —le dijo Jonatán a David—, pues los dos hemos hecho un juramento eterno en nombre del SEÑOR, pidiéndole que juzgue entre tú y yo, y entre tus descendientes y los míos». Así que David se fue, y Jonatán regresó a la ciudad. *(1 Samuel 20:42)*

Jonatán y David eran muy buenos amigos. Jonatán era el hijo del rey Saúl y el heredero legal al trono, pero Dios había rechazado la descendencia de Saúl debido a la desobediencia de este. En su lugar, David había sido ungido por Samuel como el nuevo rey de Israel. Saúl odiaba a David y durante muchos años intentó matarlo. Aun así, Jonatán y David eran los mejores amigos.

En una ocasión Saúl invitó a David a un banquete en el palacio. David temía por su vida y decidió no ir, pidiéndole a Jonatán que velara por sus intereses. Si en el banquete Saúl expresaba que extrañaba a David, entonces no habría peligro de que fuera. Pero si Saúl se enojaba, entonces la vida de David corría peligro. En efecto, Saúl se enojó, por lo que Jonatán se reunió con David en secreto para decirle lo que había sucedido en el banquete. Ambos sabían que la intención de Saúl era matar a David. «Puedes irte tranquilo —le dijo Jonatán a David—, pues los dos hemos hecho un juramento eterno en nombre del Señor, pidiéndole que juzgue entre tú y yo, y entre tus descendientes y los míos».

David aprendió que necesitas un buen amigo cuando alguien quiere matarte. También necesitas un buen amigo cuando tienes una dolencia que quiere matarte. Mi amiga más cercana es mi esposa. Ella ha sido una torre fuerte. Me ha animado e infundido fuerza y esperanza. También tengo otras amistades que están acompañándome. Una de ellas es una mujer que tiene la misma enfermedad que yo. Aunque ahora anda en silla de ruedas, su actitud pertinaz y el hecho de que no está dispuesta a doblegarse ante la enfermedad me ha motivado mucho. Tratamos de reunirnos una vez al mes y hablar con ella siempre me anima.

Salomón, el hijo de David, habló de la importancia de un buen amigo. «Más valen dos que uno, porque … Si caen, el uno levanta al otro». (Eclesiastés 4:9-10). Además de nuestros amigos humanos, también tenemos un amigo que es más fiel que un hermano (Proverbios 18:24). Este amigo es Jesús. «Nadie tiene amor más grande que el dar la vida por sus amigos. Ustedes son mis amigos si hacen lo que yo les mando. Ya no los llamo siervos, porque el siervo no está al tanto de lo que hace su amo; los he llamado amigos, porque todo lo que a mi Padre le oí decir se lo he dado a conocer a ustedes» (Juan 15:13-15). Aunque no tengas un amigo humano que te acompañe en tu lucha, tienes un amigo divino que nunca te dejará o te abandonará, y este amigo divino sabe todo lo que piensas y sientes. Él conoce la profundidad de tu lucha. Entiende tu temor por el futuro. Sabe todo acerca de ti y sigue siendo tu amigo. Así que anímate. Dios dijo: «Nunca te dejaré; jamás te abandonaré» (Hebreos 13:5).

Día 17

Oración por la mañana

Dios, recuérdame que esta vida no es lo único que hay.

Aun cuando en ocasiones he fallado por completo, mi pasión ha sido amar y servir a Dios durante la mayor parte de mi vida adulta. Durante diecinueve años lo serví como pastor principal de la Iglesia Calvary. Mi pasión era enseñar la Biblia y amar a las personas. Intenté fielmente hacer justo eso. En el ministerio he tenido varios amigos cercanos que eligieron hacer lo contrario. O bien cometieron faltas a la moral o bien abandonaron a Dios, la Biblia y la iglesia. No les importa amar o servir a Dios. No están interesados en enseñar la Biblia o en amar a las personas. Eligieron sus propios caminos. Yo tengo una enfermedad terminal, y ellos están saludables y felices. A veces esto me molesta realmente. Después de todos los años de tratar de amar y servir a Dios, ¿esto es lo que consigo? ¿Y qué hay de los que se han apartado de Dios? ¿Qué consiguen ellos? Aparentemente consiguen una vida libre de enfermedades. Esto me parece profundamente injusto. Pero luego recuerdo que en la vida hay algo más que el aquí y el ahora. Hay una eternidad. Y el Juez justo de todo el universo nos va a hacer responsables a todos de lo que cada uno haya hecho o dicho.

Me he reunido varias veces con el maestro principal de la cábala de nuestra comunidad. La cábala es la recopilación de enseñanzas místicas con orígenes rabínicos, a menudo basadas en una interpretación esotérica de las escrituras hebreas. La cábala enseña que hay diez mundos separados y que el mundo en el que vivimos es solo uno de esos mundos (llamado *malchut*). Esto significa que la actual realidad física en la que vivimos es menos del diez por ciento de la realidad esencial. Aunque no soy partidario de la cábala, y no la entiendo completamente, creo que tiene un punto importante que señalar: el mundo en el que vivimos no es la realidad esencial. Por esta razón Pablo dice: «De hecho, considero que en nada se comparan los sufrimientos actuales con la gloria que habrá de revelarse en nosotros» (Romanos 8:18).

Así que le dejo a Dios mis dudas respecto a la injusticia. Le dejo las aparentes injusticias. No debo estar demasiado apegado a la realidad física presente, pues no es la realidad esencial. La realidad esencial es el cielo, la eternidad, Dios mismo. Como lo dice el himno antiguo: «Este mundo no es mi hogar; solo estoy de paso». De modo que oro así: «Dios, recuérdame que esta vida no es lo único que hay».

Promesa por la tarde

El cielo es mucho mejor.

«¡Aquí, entre los seres humanos, está la morada de Dios! Él acampará en medio de ellos, y ellos serán su pueblo; Dios mismo estará con ellos y será su Dios. Él les enjugará toda lágrima de los ojos. Ya no habrá muerte, ni llanto, ni lamento ni dolor, porque las primeras cosas han dejado de existir.»

(Apocalipsis 21:3-4)

En Apocalipsis 21 el apóstol Juan registra las palabras de la voz que escuchó llegar desde el trono en el cielo, dando una descripción de la vida en la nueva Jerusalén. Una de las grandes promesas que Juan escuchó es que ya no habrá muerte, ni llanto, ni lamento ni dolor. No más ELA. No más cáncer. No más quimioterapias. No más hospitales. No más funerarias. En ese tiempo la muerte será vencida. Las enfermedades serán vencidas. El llanto será vencido. El dolor será vencido. ¡Qué gran día será!

Cada vez que pienso en el cielo me vienen a la mente muchas preguntas. Primero, ¿nos reconoceremos en el cielo? La respuesta es sí. Seremos conocidos en el cielo como somos conocidos aquí. Cuando Moisés y Elías aparecieron con Jesús en el Monte de la Transfiguración, los discípulos sabían quiénes eran. No solo nos reconoceremos entre nosotros en el cielo, sino que también reconoceremos a otras personas.

Otra pregunta es: ¿dónde está el cielo? Algunos eruditos han argumentado que el cielo está en la parte más lejana del cosmos. Pero recientemente algunos otros han sugerido que el cielo puede estar justo a nuestro alrededor en una esfera que no podemos ver, probar, o tocar. Cuando Esteban fue martirizado, exclamó: «¡Veo el cielo abierto … y al Hijo del hombre de pie a la derecha de Dios!» (Hechos 7:56). ¿Vio Esteban los alcances más lejanos del cosmos? Tal vez. Pero quizá el cielo estaba justo alrededor de ellos, y por un breve momento pudo ver esta nueva dimensión. Ya sea que el cielo esté al final del cosmos o justo a nuestro alrededor, podemos estar seguros de esto: es un lugar real.

Quizá la pregunta más obligada sea: ¿cómo es el cielo? Mi padre tiene una descripción favorita del cielo tomada de las palabras de Pablo. «Me siento presionado por dos posibilidades: deseo partir y estar con Cristo, que es muchísimo mejor, pero por el bien de ustedes es preferible que yo permanezca en este mundo» (Filipenses 1:23-24). La descripción favorita del cielo de mi padre se encuentra en estas tres palabras: «es muchísimo mejor». ¿Cómo es el cielo? Es muchísimo mejor. Es mejor que los mejores momentos que tenemos aquí con nuestra familia y amigos.

Pienso en algunos de los momentos más maravillosos que he compartido con mi familia. Pienso en la vez que estábamos todos juntos en Irlanda y decidimos jugar al golf (estábamos más bien lanzando y tirando al hoyo). Jugamos junto al océano en la costa norte de Irlanda. Estaba lloviendo a cántaros y el viento soplaba proveniente del océano. Corrimos de hoyo en hoyo e hicimos los tiros. Me da risa solo de acordarme de ese día. Y hubo muchos otros momentos maravillosos que compartimos juntos. ¿Cómo es el cielo? Es muchísimo mejor que lo mejor de lo que la tierra tiene que ofrecer. Mi padre se quedó tan impresionado con estas palabras de Pablo que cuando mi madre murió, hizo que las inscribieran en su tumba. La inscripción dice: «Eileen McKnight Dobson: muchísimo mejor ahora».

Pablo llegó a decir: «De hecho, considero que en nada se comparan los sufrimientos actuales con la gloria que habrá de revelarse en nosotros» (Romanos 8:18). Así que, cuando enfrento las batallas y los retos de este día, sé que de ninguna manera se comparan con la gloria que será revelada en mí. Y sé que cuando llegue al cielo, ¡será «muchísimo mejor»!

Día 18

Oración por la mañana

Dios, ayúdame a aceptar ayuda cuando la necesite.

El ministerio pastoral es una vida de entrega, lo que también se aplica a otras profesiones. Los pastores están de guardia las veinticuatro horas del día, siete días a la semana. Por consiguiente, me es más fácil dar que recibir. Recibir es un reto. Incluso en la lucha contra esta enfermedad es difícil para mí pedir ayuda. Se me hace cada vez más difícil abotonarme la camisa. Tardo aproximadamente quince minutos en abotonármela sin ayuda. A veces me demoro mucho con uno de los botones. Sería más fácil pedirle a mi esposa que me ayudara, pero continuamente me resisto al impulso de hacerlo. No me gusta pedir ayuda.

Me viene a la memoria la historia de Juan 13 de Jesús y sus discípulos en el aposento alto la noche anterior a la crucifixión. Jesús empieza a lavar los pies de los discípulos, y cuando llega a Pedro, este se opone. «¿Y tú, Señor, me vas a lavar los pies a mí?» Jesús responde: «Ahora no entiendes lo que estoy haciendo ... pero lo entenderás más tarde». Entonces Pedro protesta: «¡No! ... ¡Jamás me lavarás los pies!» Pedro le niega a Jesús la oportunidad de dar un ejemplo del verdadero servicio. Su negativa es en esencia un acto de orgullo, pues está quitándole a Jesús la oportunidad de hacer algo por él. De la misma manera, cuando yo rechazo una ayuda, estoy quitándole a alguien más la oportunidad de servir, y al hacerlo, estoy demostrando orgullo.

Quiero hacer todo lo posible por tanto tiempo como me sea posible, pero a veces necesito ayuda. Al rechazar la ayuda, estoy negándole a alguien más la oportunidad de servirme. Y como Pedro, termino quedando como un tonto. Así que cuando lucho por abotonarme la camisa, tengo que pedirle a mi esposa que me ayude. Cuando no puedo hacer algo, necesito valor para reconocerlo. Por lo tanto oro así: «Dios, ayúdame a aceptar ayuda cuando la necesite. Recuérdame que cuando rechazo la ayuda, estoy actuando de manera independiente y que en esencia estoy siendo arrogante. Recuérdame que estoy negándole a otros la oportunidad de ejercer el don del servicio».

Promesa por la tarde

Jesús está preparando un lugar para nosotros.

No se angustien. Confíen en Dios, y confíen también en mí. En el hogar de mi Padre hay muchas viviendas; si no fuera así, ya se lo habría dicho a ustedes. Voy a prepararles un lugar. Y si me voy y se lo preparo, vendré para llevármelos conmigo. Así ustedes estarán donde yo esté. (Juan 14:1-3)

La palabra *angustiarse*, como la usa Jesús la noche de la Última Cena, significa estar perturbado. Creo que sé cómo se sentían ellos. Hace varios años nuestro gato se metió en la secadora y se acostó sobre la ropa tibia. Mi esposa llegó, y sin saber que el gato estaba en la secadora, cerró la puerta y oprimió el botón para secar la ropa. Al escuchar ese terrible golpeteo dentro de la secadora supo que algo estaba mal. Así que la apagó y abrió la puerta. El gato salió tambaleándose, con los pelos erizados hacia todos lados y con una mirada totalmente aturdida. Así me sentí cuando me diagnosticaron esta enfermedad. Me sentí como si hubiera estado en la secadora acostado tranquilamente sobre ropa tibia. Entonces alguien vino, cerró la puerta, y oprimió el botón. Cuando la puerta se abrió por fin, salí tambaleándome con una mirada totalmente aturdida. Estaba angustiado. Pero Jesús les dice a sus discípulos que no se angustien. Luego les da algunas razones.

Les dice: «En el hogar de mi Padre hay muchas viviendas…» (Juan 14:2). Yo prefiero la traducción de la

Versión King James: «En el hogar de mi Padre hay muchas mansiones», porque me gusta más la idea de una mansión que la de una vivienda. Pero la palabra original en el griego significa vivienda, no mansión. La idea está vinculada a la antigua ceremonia de bodas. Cuando dos personas querían casarse, sus padres se reunían y hacían un pacto de matrimonio. Una vez que firmaban el pacto, era como si ya estuvieran casados. Después de firmar el pacto, el novio regresaba a la casa de su padre y construía una vivienda para su futura esposa. Por lo general esta vivienda era construida en el segundo o tercer piso de la morada familiar. Cuando terminaba la construcción de la vivienda, entonces recogía a su esposa, y había una gran celebración por las bodas. Finalmente, se la llevaba a su casa para habitar en la vivienda que había construido.

Jesús les dijo a sus discípulos que se iba lejos para preparar viviendas para ellos. Y como el novio de la antigüedad, al terminar las viviendas, vendría y los recogería. Después de eso vivirían con él por toda la eternidad. Así que, aunque Jesús regresó al Padre, no se olvidó de nosotros. En realidad, está ocupado preparándonos una vivienda. Y a su debido tiempo, vendrá y nos recogerá.

Audio Adrenalina, un grupo cristiano contemporáneo, en los años noventa tenía un canto popular optimista titulado «Casa grande», que ha brindado consuelo a millones de personas. Transcribo aquí una parte de la letra.

Ven, vamos al hogar de mi Padre.
Ven, vamos al hogar de mi Padre.

Es una casa grande, grande,
Con muchas, muchas viviendas.
Una mesa grande, grande,
Con mucha, mucha comida.
Un jardín grande, grande
Donde podemos jugar fútbol.
Una casa grande, grande,
Es el hogar de mi Padre.

No estamos solos. Nuestro futuro es brillante. Jesús nos prometió venir a recogernos.

Día 19

Oración por la mañana

Dios, todavía preferiría ser superficial y estar saludable.

Cuando comencé mi ministerio elegí como versículo de mi vida el siguiente: «Por tanto, no nos desanimamos. Al contrario, aunque por fuera nos vamos desgastando, por dentro nos vamos renovando día tras día» (2 Corintios 4:16). Me gustaba la última parte del versículo: «por dentro nos vamos renovando día tras día». Interpreté que esto significaba que es importante enfocar la atención en tu jornada espiritual cada día. Necesitas leer la Biblia y orar todos los días. Necesitas amar a Dios y servir a otros todos los días.

Todavía me gusta este versículo, pero ahora me habla en un nivel totalmente diferente. Ahora enfoco mi atención en la primera parte del versículo: «... aunque por fuera nos vamos desgastando...» Mi vida se encuentra en este punto. Mi cuerpo se está desgastando lentamente. Cuando las neuronas mueren y las señales del cerebro no llegan a mis músculos, estos comienzan a atrofiarse. Ya no puedo hacer las cosas que acostumbraba. Pero la promesa de este versículo es que aun cuando esto esté quizá sucediendo en mi cuerpo, todavía puedo crecer espiritualmente y ser «renovado día tras día».

Con gusto testifico que esto ha sucedido en mi vida. Cuando estás enfrentando una enfermedad terminal, o mejoras o te amargas. Mi caminar con Dios se ha profundizado mucho por la experiencia que he estado enfrentando. Puedo testificar con Pablo: «Alabado sea el Dios y Padre de nuestro Señor Jesucristo, Padre misericordioso y Dios de toda consolación, quien nos consuela en todas nuestras tribulaciones para que con el mismo consuelo que de Dios hemos recibido, también nosotros podamos consolar a todos los que sufren» (2 Corintios 1:3-4). Mi vida ha cambiado radicalmente por el sufrimiento que he padecido. Soy una persona diferente a la que quería ser antes de la enfermedad. Creo que como resultado de esta lucha me parezco más a Cristo. Pero tengo que ser sincero: Todavía preferiría ser espiritualmente superficial y estar saludable, que espiritualmente maduro y enfermo. Por lo tanto, oro así: «Dios, tú sabes que yo preferiría ser superficial y estar saludable, pero confío en que me concedas la gracia de continuar mi camino».

Promesa por la tarde

No olvides los beneficios de Dios.

Alaba, alma mía, al Señor;
alabe todo mi ser su santo nombre.
Alaba, alma mía, al Señor,
y no olvides ninguno de sus beneficios.
Él perdona todos tus pecados
y sana todas tus dolencias;
él rescata tu vida del sepulcro
y te cubre de amor y compasión;
él colma de bienes tu vida
y te rejuvenece como a las águilas.
(Salmo 103:1-5)

Cuando tienes una enfermedad grave, es fácil olvidar todos los beneficios de Dios. La enfermedad es en lo único que puedes pensar y de lo único que puedes hablar. Esta comienza a consumir toda tu vida. A la larga se la lleva, y cuando lo hace, comienzas a perder la perspectiva. Comienzas a olvidar todos los beneficios que Dios te ha dado. Así que permíteme recordártelos.

Tengo dos oídos para oír. Tengo dos ojos para ver. Tengo una lengua para hablar. Tengo dos manos para trabajar. Tengo dos piernas para caminar. Tengo dos pies sobre los cuales estar de pie. Aun cuando un buen número de mis músculos no trabajan como solían hacerlo, todavía trabajan un poco. Aun cuando al estar cansado comienzo a arrastrar las palabras, todavía puedo darme a entender. Aun cuando mis dedos ya no pueden escribir en la computadora o abotonar una camisa bien, todavía puedo escribir un poco y de alguna manera me las arreglo para abotonarme las camisas. *Así que, te doy gracias, Dios, por todos estos beneficios.*

Tengo abundancia de agua para beber. Tengo abundancia de comida en el refrigerador. Tengo abundancia de ropa que ponerme. En la noche tengo una cama para dormir. Tengo una casa cálida en pleno invierno. Tengo tuberías dentro de mi casa. Tengo electricidad. Tengo varios televisores. Tengo varios radios. Tengo un coche y todavía puedo manejar. Todavía puedo llevarme la comida a la boca ... aunque ya no puedo hacerlo con la mano derecha, todavía me funciona la mano izquierda. Todavía puedo ingerir alimentos.. Todavía puedo respirar. Todavía puedo tener a mi esposa entre mis brazos. *Así que te doy gracias, Dios, por todos estos beneficios.*

Tengo una esposa que me apoya y tres hijos estupendos. El mayor está casado, y tiene dos hijos que son mis nietos. Otro está recién casado y el otro que está en la Guardia del Ejército Nacional y ha servido en Irak. Todos ellos conocen al Señor. Todos ellos aman al Señor y quieren servir al Señor. *Así que te doy gracias, Dios, por todos estos beneficios.*

En el Salmo 103, David enumera varios beneficios que ha recibido de Dios. Ellos también se aplican a tu vida. Él perdona todos tus pecados. Sana todas tus dolencias. Rescata tu vida del sepulcro. Te cubre de amor y compasión. Colma de bienes tu vida. Te rejuvenece como las águilas. *Estas bendiciones también me pertenecen, así que gracias, Dios, por todos estos beneficios.*

La gracia de Dios me ha traído hasta este punto de mi vida. Hasta ahora no me ha fallado. Su gracia también me sostiene hoy en día. Por eso, sin importar lo que el futuro nos depare, sé que su gracia será suficiente. Él es el Dios del ayer, del hoy y del mañana. Está haciendo y hará grandes cosas en mi vida. *Así que gracias, Dios, por todos estos beneficios.*

Dios, tú me amas con un amor eterno. Me has perdonado todos mis pecados e iniquidades, y no vas a volver a recordar las faltas que están en mi contra. Me has dado la justicia de Jesucristo. Me has dado al Espíritu Santo para que viva en mí. Me has dado tu Palabra para guiarme en mi peregrinar en la tierra. Estás obrando todas las cosas para mi bien. Me has puesto en una comunidad de fe, de modo que cuando yo sufro, toda la comunidad sufre conmigo. Y cuando me regocijo, toda la comunidad se regocija conmigo. Por eso, te doy gracias, Dios, por todos estos beneficios.

Amigo, ¿alguna vez te has tomado el tiempo para considerar el paquete completo de beneficios? ¿Alguna vez le has agradecido a Dios, como lo hizo David, por todos los beneficios que te ha dado? Dar gracias a Dios por todos sus beneficios te ayuda a poner tu enfermedad en perspectiva. Yo no quiero que toda mi vida sea consumida por esta enfermedad, no quiero perder la perspectiva de lo que Dios ha hecho por mí, lo que está haciendo por mí, y lo que hará por mí.

Día 20

Oración por la mañana

Dios, recuérdame que en la vida hay algo más que esta enfermedad.

El diagnóstico de una enfermedad terminal consume tus pensamientos. Desde la mañana al despertar hasta la noche al quedarte dormido.

Vivimos en la era de la información. Todo lo que una persona quiera saber acerca de ELA está disponible en Internet con solo el clic de un ratón. Durante los primeros meses después del diagnóstico de mi enfermedad, leí miles de páginas de información acerca de ELA. Incluso le pedí prestado a mi médico el libro de texto de medicina oficial. Lo leí varias veces de tapa a tapa. Me convertí en una enciclopedia ambulante del conocimiento médico de ELA. Estoy seguro de que sabía de esta enfermedad tanto y hasta más que la mayoría de los neurólogos. Esto me consumía.

Una noche mi esposa y yo fuimos a nuestro lugar favorito a tomar un café. Pedí un capuchino que servían en una taza bastante grande. Mientras estábamos ahí dando sorbos a nuestro café, le dije a mi esposa: «Mira esto: Todavía puedo levantar esta taza tan pesada y llevármela a la boca sin ayuda». Tan pronto como dije esto, mi esposa no pudo controlar más sus sentimientos y comenzó a llorar. Dijo: «¿Esto es de lo único que puedes platicar? Cada vez que platicamos, hablas de la enfermedad. ¿No hay más en la vida que tu enfermedad?» Tenía razón. Eso era en lo único que pensaba. Eso era lo único que leía. Y eso era de lo único que hablaba.

Pasamos el resto del tiempo hablando acerca de lo que podíamos hacer para cambiar. Acordamos en que limitaría el tiempo que pasaba en Internet investigando sobre la enfermedad. Estuvimos de acuerdo en que no hablaríamos de la enfermedad a menos que mutuamente conviniéramos tratar este asunto. Hablaríamos de otros asuntos: la casa, mi trabajo, nuestros hijos, los nietos, el trabajo de mi esposa, la Biblia, la oración, y una multitud de otros temas.

Estaba descubriendo que no podía evaluar mi vida exclusivamente por esta enfermedad, ni visualizar mi vida exclusivamente a través de los lentes de esta enfermedad. Sí, tenía una enfermedad terminal, pero seguía siendo esposo, papá, abuelo y pastor. En el proceso de enfrentar la enfermedad, sin querer había abandonado estas funciones. Ahora era tiempo de recuperarlas. Esa noche en la cafetería experimenté un importante cambio en mi caminar con esta enfermedad. Ahora oro así: «Dios, recuérdame que en la vida hay algo más que esta enfermedad».

Promesa por la tarde

No olvides tu fuente.

Ezequías puso su confianza en el SEÑOR, Dios de Israel. No hubo otro como él entre todos los reyes de Judá, ni antes ni después. Se mantuvo fiel al SEÑOR y no se apartó de él, sino que cumplió los mandamientos que el SEÑOR le había dado a Moisés. (2 Reyes 18:5-6)

Ezequías se convirtió en rey de Judá a los veinticinco años de edad, y reinó en Jerusalén durante veintinueve años. No hubo nadie como Ezequías antes de él o después de él. A principios de su reinado «quitó los altares paganos, destrozó las piedras sagradas ... Además destruyó la serpiente de bronce que Moisés había hecho, pues los israelitas todavía le quemaban incienso» (2 Reyes 18:4).

La serpiente de bronce representaba un símbolo importante en la historia judía. Cuando los hijos de Israel deambulaban por el desierto, empezaron a quejarse contra Dios y Moisés. Dios les envió serpientes venenosas, y muchos de ellos murieron. El pueblo le pidió a Moisés que orara por ellos para que Dios quitara las serpientes. Dios le dio instrucciones a Moisés para que hiciera una serpiente de bronce y la pusiera en un asta. Los que eran mordidos miraban a la serpiente de bronce y vivían (Números 21). Mirar a la serpiente era un acto de fe, y Dios lo honraba sanando a las personas que lo hacían.

Incluso Jesús se refirió a este incidente. En una conversación con un líder religioso llamado Nicodemo, dijo:

«Como levantó Moisés la serpiente en el desierto, así también tiene que ser levantado el Hijo del hombre, para que todo el que crea en él tenga vida eterna» (Juan 3:14-15). ¿Qué sanó a las personas en el desierto? Su fe. Miraban a la serpiente por fe. ¿Qué salva a las personas hoy en día? Su fe. Miramos a Jesús por fe.

En la época de Ezequías, las personas se habían olvidado de la fe y habían convertido la serpiente en un símbolo de adoración. De hecho, le ofrecían incienso a la serpiente de bronce. Habían perdido el vínculo con su verdadera fuente. Fue Dios quien los sanó, no la serpiente. Dios simplemente usó la serpiente como un símbolo. Las personas estaban adorando al símbolo, no a la fuente, por eso Ezequías destruyó el símbolo.

Me doy cuenta de que yo cometo el mismo error en mi vida. Al enfrentar mi enfermedad, con frecuencia tengo más fe en los símbolos que en la fuente: ¡Dios mismo! Le presto atención a los médicos y a la medicina. Constantemente estoy tratando de enterarme de los últimos avances sobre ELA y de los resultados de las investigaciones más recientes. Le presto atención a las dietas y al ejercicio porque sé lo vitales que son para promover la buena salud. Le presto atención a mi sistema inmunológico y hago todo lo que puedo para mejorarlo con el fin de poder combatir esta enfermedad. Aunque estas cosas son sin duda tareas importantes, el peligro estriba en que, al buscarlas, olvide que mi esperanza fundamental es Dios. Puedo convertir estas tareas en una serpiente de bronce. Puedo invertir todo mi tiempo y esfuerzo en buscarlas, y poco o nada de tiempo en buscar a Dios. Así que le pido a Dios que me ayude a poner todo en equilibrio.

Día 21

Oración por la mañana

Dios, ayúdame a escuchar tu voz en medio de mis luchas.

«Escucha, Israel: El SEÑOR nuestro Dios es el único SEÑOR. Ama al SEÑOR tu Dios con todo tu corazón y con toda tu alma y con todas tus fuerzas» (Deuteronomio 6:4-5). En el judaísmo, esta es la declaración de apertura de su confesión de fe. Los judíos religiosos la repiten en las mañanas y en las noches. En tiempos bíblicos era lo primero que los padres enseñaban a sus hijos. También eran las últimas palabras que los judíos repetían antes de morir. Así que la confesión de fe judía era algo con lo que empezaban y terminaban la vida, y con lo que empezaban y terminaban cada día. «Escucha, Israel: El SEÑOR nuestro Dios es el único SEÑOR». Esta también es la declaración central de la teología judía, la cual habla de la unidad de Dios y de que es único en su género.

En hebreo esta frase se llama Shema porque el verbo con el que inicia es *Shema*, que significa «escuchar». Los judíos empezaban y terminaban cada día escuchando a Dios. Sin embargo, este verbo tiene un significado más profundo ... da la idea de estudiar diligentemente, de modo que uno pueda obedecer a Dios. Escuchar a Dios en medio de esta enfermedad terminal se me ha dificultado mucho. Yo escucho atentamente a los médicos. Le presto atención a cualquier cambio imperceptible que haya en mi cuerpo. Sé cuándo me siento mejor y cuándo siento que empeoro. Sé cuándo he perdido la fuerza en un grupo de músculos determinado. Leo y estudio todas las investigaciones recientes sobre ELA. Hablo con otras personas que tienen la misma enfermedad. Tiendo a poner más atención a todos menos a Dios.

Por consiguiente, comencé a decir la confesión de fe judía por las mañanas y por las noches. Esta me recuerda la importancia de escuchar a Dios. A lo largo del día voy a escuchar muchas voces diferentes, pero debo comenzar cada día tratando deliberadamente de poner atención a Dios. Después de la declaración de fe judía, leo algunos versículos de la Biblia y dedico el día a Dios. Luego, durante el día, trato de poner atención a lo que Dios está diciéndome por medio de las personas con las que me encuentro. Me doy cuenta de que es una lucha diaria. Por un lado, constantemente estoy enfrentando la realidad de mi enfermedad. Pero por el otro, también estoy tratando de poner atención a Dios. De modo que oro así: «Dios, ayúdame a escuchar tu voz en medio de mis luchas».

Promesa por la tarde

¿Quién va a estar conmigo?

Yo estaré contigo —le respondió Dios. (Éxodo 3:12)

La historia de la vida de Moisés es notable. Sus padres lo escondieron cuando el faraón ordenó que todos los varones hebreos recién nacidos fueran asesinados. Colocaron a Moisés en una canasta que fue puesta entre los juncos del río Nilo, donde lo descubrió la hija del faraón, quien lo tomó como su propio hijo y lo crió en el palacio. Un día Moisés vio a un egipcio y a un hebreo peleando. Intervino y mató al egipcio. Cuando el faraón supo esto, quiso matar a Moisés, así que Moisés huyó al desierto de Madián. Ahí conoció a Jetro, el sacerdote de Madián, y se casó con una de sus hijas, cuyo nombre era Séfora. Cuando su hijo nació, Moisés dijo: «Soy un extranjero en tierra extraña» (Éxodo 2:22).

Yo conozco ese sentimiento. Me siento como si fuera extranjero. Tengo una enfermedad terminal y no puedo seguirles el ritmo a mis amigos sanos. Siento como si definitivamente ya no fuera uno de ellos, como si estuviera en una tierra extranjera con una cultura e idioma completamente diferentes. Es un lugar en el que nunca tuve la intención de vivir. Siento como si hubiera dejado la calidez y seguridad del palacio del faraón, y me encontrara en lo inhóspito del desierto.

Pero precisamente en lo inhóspito del desierto es donde Dios se encontró con Moisés. En Éxodo 3 leemos que un día, mientras estaba cuidando a las ovejas, vio que una zarza estaba ardiendo. Lo que le atrajo hacia la zarza fue que no se consumía mientras ardía. Dios lo llamó desde la zarza por su nombre: «¡Moisés, Moisés!» Después Dios le dijo que había escuchado el clamor de su pueblo que estaba bajo esclavitud egipcia, y le informó a Moisés que lo iba a mandar de nuevo a Egipto para que lo libertara. Moisés objetó de inmediato: «¿Y quién soy yo para presentarme ante el faraón y sacar de Egipto a los israelitas?» Pero Dios persistía con lo siguiente: «Yo estaré contigo». Después Moisés insistió: «Supongamos que me presento ante los israelitas y les digo: "El Dios de sus antepasados me ha enviado a ustedes". ¿Qué les respondo si me preguntan: "¿Y cómo se llama?"» Dios le respondió: «Yo soy el que soy» (Éxodo 3:10-14). Este es le nombre de Dios que también irá contigo.

Este nombre viene del verbo hebreo «ser». Se refiere a la existencia eterna de Dios, recordándonos que Dios simplemente es. Él es infinito y eterno. Cada vez que nos sintamos como extranjeros en tierra extraña, o cada vez que nos encontremos en lo inhóspito del desierto, es importante saber que el Dios que nos habla es el Dios infinito y eterno. Él no está limitado por tiempo o espacio o por enfermedades o dolencias. Sigue siendo Dios, ya sea en el palacio del faraón o en lo inhóspito del desierto.

Algunas de las traducciones judías de la Biblia en hebreo traducen esta frase «Yo seré el que seré». Esto nos da esperanza no solo para el presente sino también para el futuro. Lo que Dios era ayer, lo es hoy. Lo que Dios es hoy, lo será mañana. Él es el mismo ayer, hoy y siempre. Así que anímate, Dios era, Dios es, y Dios será. Dondequiera que hayas estado, dondequiera que estés, y dondequiera que vayas a ir, recuerda que Dios está contigo. Y el Dios que está contigo te llama por tu nombre. Llamó a Moisés por su nombre desde la zarza ardiendo, y también a ti te llama por tu nombre.

Día 22

Oración por la mañana

Dios, enséñame a ser agradecido aun en estas circunstancias.

«Estén siempre alegres, oren sin cesar, den gracias a Dios en toda situación, porque esta es su voluntad para ustedes en Cristo Jesús» (1 Tesalonicenses 5:16-18). Noten que las Escrituras nos motivan para dar «gracias a Dios en toda situación». No dicen: «Den gracias a Dios *por* todas las situaciones». Aunque he escuchado a algunos cristianos dar gracias por enfermedades terminales como cáncer o EM (esclerosis múltiple), yo nunca he podido hacer eso. Tal vez sea una falta de madurez espiritual, pero nunca he logrado ser agradecido por la ELA. Creo que este texto nos está haciendo un llamado para ser agradecidos en nuestras circunstancias, no *por* ellas. Y hay una gran diferencia.

Estoy aprendiendo a ser agradecido cada día *en* mis circunstancias. Y tengo mucho por lo cual ser agradecido. Puesto que normalmente soy bastante pesimista, es de suma importancia para mí aprender cómo dar las gracias. Por lo general me enfoco en lo mal que están las cosas, no en lo bien que están. Estoy tratando enfocarme más en lo bueno y ser agradecido por eso. Hace poco empecé a agradecer a Dios en específico por cada cosa que me había dado. Recorrí todas las cosas que tengo en mi armario y le di las gracias por cada corbata, cada camisa y cada traje. No estoy hablando de realizar una acción de gracias general, sino de agradecer a Dios una cosa a la vez. Hice lo mismo con mis zapatos, calcetines, camisas y ropa interior. Luego le agradecí cada mueble de mi cuarto. Le agradecí la sábana de abajo y la de arriba. Le agradecí la almohada y sus fundas. Le agradecí la cobija. Le agradecí el colchón y el somier. Le agradecí la cama. Recorrí todo mi cuarto agradeciendo a Dios por cada cosa en forma individual.

Esto me tomó bastante tiempo. En el momento en el que terminé, estaba abrumado por cuán bueno había sido Dios conmigo. Y este era solo un cuarto de la casa. No incluí todos los libros que tenía (tomaría mucho tiempo agradecer a Dios por cada libro individualmente). Y estos eran solo dones materiales. No incluí a mi familia y amigos. No incluí todas las bendiciones espirituales que son mías a través de Jesucristo: la Palabra, el Espíritu, la salvación, la santificación y todas las bendiciones que recibimos como resultado de nuestra relación con Cristo. Hoy quiero ser agradecido, así que oro diciendo: «Enséñame Dios, a ser agradecido aun en estas circunstancias».

Cuando te tomes el tiempo para sentarte a hacer una lista de tus bendiciones con el fin de agradecerle a Dios por ellas, te sentirás abrumado por toda su bondad, grandeza y benevolencia.

Promesa por la tarde

Todo ayuda a bien.

Ahora bien, sabemos que Dios dispone todas las cosas para el bien de quienes lo aman, los que han sido llamados de acuerdo con su propósito. Porque a los que Dios conoció de antemano, también los predestinó a ser transformados según la imagen de su Hijo, para que él sea el primogénito entre muchos hermanos. A los que predestinó, también los llamó; a los que llamó, también los justificó; y a los que justificó, también los glorificó.
(Romanos 8:28-30)

Si una persona más me dice que todas las cosas me ayudan a bien, ¡voy a gritar! Muchas personas bien intencionadas me han dicho que no me preocupe, porque después de todo, Dios dispone todas las cosas para bien. Pero desde el lugar en el que me encuentro, las cosas no se ven tan bien. Es fácil citar este versículo cuando todo va bien. El reto es citarlo y creerlo cuando todo va mal. Cuando el médico te dice que no puede hacer nada por ti, ¿todavía está Dios disponiendo las cosas para tu bien? Cuando el médico te dice que pongas tu casa en orden porque estás muriéndote, ¿todavía está Dios disponiendo las cosas para tu bien? Sé que Dios me ama. Y sé que yo le correspondo con amor. Este texto me dice que el mismo Dios que me ama está disponiendo todas las cosas para bien. Considero que esta es una verdad difícil de asimilar.

Si Dios me ama, está de mi parte y está disponiendo todas las cosas para mi bien, ¿cómo puedo estar seguro de ello frente a esta enfermedad? Pablo responde esta pregunta: «Si Dios está de nuestra parte, ¿quién puede estar en contra nuestra?» (Romanos 8:31). La cuestión es la siguiente: ¿cómo sabemos realmente que Dios está de nuestra parte? Después de todo, frente a esta enfermedad es difícil ver cómo Dios podría estar de mi parte. Pero Pablo también responde esta pregunta: «El que no escatimó ni a su propio Hijo, sino que lo entregó por todos nosotros, ¿cómo no habrá de darnos generosamente, junto con él, todas las cosas?» (v. 32). La prueba suprema de que Dios está a nuestro favor se encuentra en la cruz. Cuando estoy tentado a cuestionar si Dios está conmigo, me vuelvo a la cruz. Dios demostró de una vez por todas, al entregar a su Hijo como nuestro Salvador, que nos ama y que está de nuestra parte. Pablo dice que si Dios estuvo de nuestra parte en la cruz, también está de nuestra parte en nuestras vidas diarias.

Pablo continúa diciendo que nada nos separará del amor de Dios: «Pues estoy convencido de que ni la muerte ni la vida, ni los ángeles ni los demonios, ni lo presente ni lo por venir, ni los poderes, ni lo alto ni lo profundo, ni cosa alguna en toda la creación, podrá apartarnos del amor que Dios nos ha manifestado en Cristo Jesús nuestro Señor» (Romanos 8:38-39). Aun cuando yo no pueda entender cómo Dios dispone todas las cosas para bien, estoy seguro de que nunca estoy más allá de los alcances de su amor. En medio de su declaración sobre el amor, Pablo agrega la pequeña frase: «ni cosa alguna en toda la creación». Esto significa que no hay absolutamente nada que pueda separarnos del amor de Dios en Cristo Jesús: ni enfermedades, ni dolencias, ni muerte. ¡Nada!

Así que, aun cuando no entienda cómo está Dios disponiendo las cosas para mi bien, sé que lo está haciendo. Demostró su amor por mí en la cruz. Y la cruz garantiza que él me dará la gracia necesaria para el día de hoy. Y además de todo esto, nada me separará de su amor. Entonces, aunque no puedo explicar cómo Dios obra, puedo descansar en su amor y en su gracia. Cuando alguien me dice: «No te preocupes, Ed; Dios está obrando todas las cosas para bien», tengo que recordarme a mí mismo que está diciendo la verdad ... una verdad dura, una verdad misteriosa y una verdad inexplicable, pero no obstante, la verdad.

Día 23

Oración por la mañana

Dios, dame paz.

«El Señor te bendiga y te guarde; el Señor te mire con agrado y te extienda su amor; el Señor te muestre su favor y te conceda la paz». (Números 6:24-26)

Una enfermedad terminal te robará la paz. Yo mismo me encuentro turbado respecto al futuro. Me siento temeroso del proceso de morir. Me encuentro angustiado ante la idea de dejar a mi familia atrás. Me desanimo cada vez que pienso que, en términos de trabajo, estoy en la flor de mi vida, pero estoy discapacitado. Mientras otros trabajan, me encuentro prisionero de mis propias incapacidades. Y en medio de todo esto es difícil tener paz.

Algunas personas creen que la paz es la ausencia de conflictos y guerras. Otros creen que la paz es ser libres de angustias y dificultades. Pero esto no es el concepto bíblico de paz. La paz es una integración con Dios, con los demás, y contigo mismo. Es llegar a ser en el momento presente lo que Dios planeó que fueras. Puedes tener paz y tener conflictos. Puedes tener paz en medio de las angustias. Puedes tener paz cuando enfrentas una enfermedad terminal. ¿Cómo? Simplemente pidiéndole a Dios que te la dé. Y el misterio que no puedo explicar es que, sin duda, Dios te concede paz en medio del sufrimiento. La paz llega cuando Dios vuelve su rostro hacia nosotros. Y estoy agradecido de saber que el rostro de Dios está vuelto hacia mí, aun en medio de mi sufrimiento.

Recientemente me topé con una bendición de paz: «La paz sea contigo. Paz para tu casa. Paz para todo lo que es tuyo». Eso me gusta. Necesito la paz de Dios en mi propia vida. Necesito la paz de Dios en mi casa. Y necesito que la paz de Dios invada todo lo que es mío. Así que oro por paz para mí, para mi casa, y para todo lo que es mío.

Promesa por la tarde

El Señor es mi pastor.

El Señor es mi pastor, nada me falta;
en verdes pastos me hace descansar.
Junto a tranquilas aguas me conduce;
me infunde nuevas fuerzas. (Salmos 23:1-3)

Abraham, Isaac, Jacob y José fueron pastores. También lo fue el rey David y el profeta Amós. Jesús se llamó a sí mismo pastor. Dijo: «Yo soy el buen pastor. El buen pastor da su vida por las ovejas» (Juan 10:11). Posteriormente en el Nuevo Testamento, la palabra griega traducida como «pastor de una iglesia» en realidad es la misma palabra que se usa para referirse a «pastor de ovejas». Muchas personas de mi congregación me llamaban Pastor Ed o Pastor Dobson. Sin embargo, podrían haberme llamado Pastor de ovejas Ed o Pastor de ovejas Dobson.

Cuando Jacob y los hermanos de José fueron a Egipto para estar con él y vivir en esa tierra, José les dio instrucciones respecto a cómo dirigirse al faraón y cómo responder a sus preguntas. «Por eso, cuando el faraón los llame y les pregunte a qué se dedican, díganle que siempre se han ocupado de cuidar ganado, al igual que sus antepasados. Así podrán establecerse en la región de Gosén, pues los egipcios detestan el oficio de pastor» (Génesis 46:33-34).

¿Por qué Dios no se reveló a sí mismo como un faraón? Después de todo, el faraón era la persona más poderosa del mundo antiguo, y si Dios quería revelarse como el dios más poderoso, habría sido lógico que se revelara como un faraón. Pero en cambio, Dios se reveló como pastor ... la ocupación que era detestable para los egipcios.

Los egipcios vivían a lo largo del río Nilo, donde el agua era abundante y podían crecer las cosechas. Preferían la vida en las ciudades. Los pastores, por otro lado, vivían en el desierto, donde el agua era escasa y las cosechas no podían darse. Era una vida difícil. Los pastores eran nómadas. Deambulaban de un lugar a otro buscando agua y comida para sus rebaños. Desde el punto de vista egipcio, esta vida era terrible. Pero desde el punto de vista de

Dios, esto era lo que mejor describía la relación de Dios con su pueblo. Él es el pastor y nosotros las ovejas.

Hace poco visité Israel y estuve en el desierto observando durante un tiempo a un pastor que cuidaba algunas ovejas. Estaba solo y guiaba un rebaño de cerca e cien ovejas y chivos a través del desierto para llevarlos a lugares donde pudieran comer. Me detuve y lo observé durante un rato. Era extremadamente paciente cuando desplazaba el rebaño por la parte del valle en la que corría un arroyo. Cuando comencé a acercarme al rebaño, sacó una flauta y empezó a tocar música. Luego le pregunté por qué había tocado música para las ovejas. Me dijo que mientras me acercaba a las ovejas, estas empezaron a agitarse y perturbarse mucho. Él había aprendido que cuando las ovejas se agitaban, si tocaba música con su flauta, ellas se calmaban.

Dios es como ese pastor. Me dirige, me guía, me provee, y sabe adónde necesito ir. Cuando me agito, hace lo que sea necesario para calmarme. Aun si eso significa sacar una flauta y tocar música. David escribe:

Aun si voy por valles tenebrosos,
no temo peligro alguno
porque tú estás a mi lado;
tu vara de pastor me reconforta …

La bondad y el amor me seguirán
todos los días de mi vida;
y en la casa del Señor
habitaré para siempre. (Salmos 23:4,6)

Día 24

Oración por la mañana

Dios, dame la gracia que necesito para morir.

En lo relativo a la muerte, no acertamos a hacer las cosas bien. Actuamos mal cuando se trata de la muerte. De hecho, cuando las persona mueren, hacemos todo lo que podemos para hacer parecer que en realidad no están muertas. Las embalsamamos. Las vestimos. Les maquillamos la cara. Tenemos alumbrado especial en la funeraria. Y decimos: «¿Verdad que se ve bien?» ¿*Se ve bien*? Está muerta. Pero hemos hecho todo lo posible para que se vea como si todavía estuviera viva.

Somos una cultura obsesionada con la vida y con parecer jóvenes. Le ponemos muy poca atención a la muerte y al proceso de morir. Pero todos vamos a envejecer y a morir. La ventaja que yo tengo es que sé que me estoy muriendo y que mi tiempo está limitado. Los que no tienen una enfermedad terminal, en realidad están en desventaja. Están muriéndose, pero no son concientes de ello. Así que para mí la cuestión es: ¿Cómo voy a morir? ¿Voy a morir con dignidad y gracia, o en mi acto final en el planeta Tierra voy a contradecir todo lo que he dicho y en lo que he creído? Para mí esto no es una pregunta teórica. ¡Es real!

Una de las historias que me animan es la que Jesús contó acerca del hombre rico y Lázaro. Ambos murieron: «Resulta que murió el mendigo, y los ángeles se lo llevaron para que estuviera al lado de Abraham» (Lucas 16:22). Cuando llegó el momento de que el mendigo cruzara de esta vida a la otra, Dios envió ángeles que lo llevaran a la eternidad. Al parecer los ángeles son parte del ministerio de transporte del cielo. Cada vez que un creyente está a punto de morir, Dios envía ángeles para que amorosa y suavemente lleven a esa persona de esta vida a la vida por venir. Esto me anima. Significa que cuando llegue al final de mi vida terrenal, no lo voy a enfrentar solo. Dios estará ahí, y enviará ángeles para que me lleven de esta vida a la venidera. Hasta que ese momento llegue, oro así: «Dios, dame la gracia que necesito para morir».

Promesa por la tarde

Cuando llegue el fin de la jornada de tu vida, Dios estará ahí para cuidarte.

Resulta que murió el mendigo, y los ángeles se lo llevaron para que estuviera al lado de Abraham. (Lucas 16:22)

A lo largo de muchos años, he estado con muchas personas cuando llegan al final de sus jornadas terrenales. En muchas ocasiones estuve con la persona en el mismo momento de su muerte. Cuando veo esas experiencias a distancia, me doy cuenta del gran privilegio que fue estar ahí. Me sentía como si estuviera parado en un lugar santo. La barrera entre lo temporal y lo eterno parecía particularmente delgada. Era como si pudiera estirarme y tocar el rostro de Dios. No puedo explicar esas experiencias en forma lógica. Simplemente puedo decirte que fui consciente de la presencia de Dios de una manera mucho más poderosa que en ningún otro momento de mi vida.

Cuando mi madre estaba muriendo le prometí que no moriría sola. Le prometí que yo estaría con ella. Y así, durante varios de los últimos días de su vida, dediqué todo mi tiempo a estar con ella. Pocos días antes de que llegara a su fin, me dijo: «Ed, dame mi abrigo. Wilma está esperándome afuera, en el vestíbulo, y tengo que ir». Wilma era una muy buena amiga de mi madre que le diagnosticaron cáncer casi al mismo tiempo que a ella. Durante varios años ella y mi mamá compartieron sus vidas, pero ella había llegado a su fin varios meses antes que mi madre. Y ahora que mi madre se acercaba a su fin, creía que Wilma estaba afuera, en el vestíbulo, esperándola para salir. Pudo ser la dosis cada vez más fuerte de morfina, pero creo que mi madre ya estaba empezando a ver hacia el otro lado.

Por lo tanto, ¿qué sucede cuando una persona se acerca al fin de su jornada terrenal? Jesús contó la historia del hombre rico y el mendigo. Cuando llegó el tiempo de la muerte del mendigo, los ángeles de Dios lo llevaron para que estuviera al lado de Abraham. Encuentro muy motivador el pensamiento de que cada vez que un creyente está a punto de dejar esta vida y entrar en la venidera, Dios envía ángeles para llevarlo al cielo. Cuando llegue al final de mi jornada terrenal y esté a punto de dejar esta vida y entrar en la venidera, los ángeles de Dios estarán ahí para encontrarse conmigo y llevarme a su presencia.

Así que, aun cuando estoy un poco ansioso respecto a cómo ocurrirán las cosas cuando llegue el fin, tengo la seguridad de que Dios estará ahí para encontrarse conmigo. Yo estuve con mi madre cuando dio su último suspiro. Fue un momento sagrado. Aunque no los podía ver, los ángeles estaban ahí para llevar el alma de mi madre desde su cuerpo enfermo hasta la presencia del Dios eterno. Y cuando llegue el momento en el que yo me vaya, los ángeles también estarán ahí para recogerme. Tal vez Dios enviará por mi a los mismos ángeles que envió con mi mamá. ¡Ojalá!

Día 25

Oración por la mañana

Dios, dame valor para elegir vivir y no morir.

Recuerdo ese día como si fuera ayer. Era casi Navidad. Yo estaba sentado en el porche de nuestra casa observando cómo caía la nieve. Pensaba en que ese podría ser mi último invierno y mi última Navidad. Cuanto más lo pensaba, más me deprimía. Entonces me topé con las palabras de Moisés en el siguiente texto:

«Hoy pongo al cielo y a la tierra por testigos contra ti, de que te he dado a elegir entre la vida y la muerte, entre la bendición y la maldición. Elige, pues, la vida, para que vivan tú y tus descendientes. Ama al SEÑOR tu Dios, obedécelo y sé fiel a él, porque de él depende tu vida, y por él vivirás mucho tiempo en el territorio que juró dar a tus antepasados Abraham, Isaac y Jacob» (Deuteronomio 30:19-20).

Las palabras «elige, pues, la vida» saltaron de la página. Moisés estaba diciéndoles a los hebreos que si obedecían la Tora, vivirían. Pero si no la obedecían y se desviaban «para adorar y servir a otros dioses», serían destruidos «sin remedio» (vv. 17-18). Así que los hebreos podían elegir vivir. O podían elegir morir.

Me pareció que yo estaba en una situación similar. Al

enfrentar una enfermedad terminal, podría elegir vivir, o podría elegir morir. La elección dependía de mí. *Elige la vida. Elige la vida. Elige la vida. Elige la vida. Elige la vida.* Yo tenía que escuchar esas palabras una y otra y otra vez. Podría rendirme y admitir mi derrota ante la enfermedad y así elegir morir, o podría elegir vivir. Así que, sentado en el porche esa tarde de invierno, oré: «Dios, dame el valor de elegir vivir y no morir».

En una de mis recientes visitas a la clínica de la Universidad de Michigan, le dije a uno de los médicos: «Si esta enfermedad me alcanza, se llevará a una de las personas más saludables que haya alcanzado jamás». El doctor se rió. «La mayoría de las personas que se sientan en la silla donde usted está sentado se van a casa, se dan por vencidas y mueren. Su actitud es la clase de actitud que alargará su vida». Elegir la vida es tomar decisiones diarias que promuevan la vida y no la muerte.

Recientemente cursé tres semestres de hebreo bíblico en un seminario local. Aun cuando no voy a estar por aquí mucho tiempo, quiero continuar desarrollando mi comprensión de los textos bíblicos. Quiero continuar viviendo. Vivir es plantar un jardín, poner papel tapiz en un cuarto nuevo, tomar un curso de computación: hacer cualquier cosa que promueva la vida y no la muerte. Es armar un álbum de fotos, coser una cobija, tejer un suéter, pasar tiempo con tu familia. *Elige la vida. Elige la vida. Elige la vida. Elige la vida. Elige la vida.* Todavía oro así: «Dios, dame valor para elegir vivir y no morir».

Promesa por la tarde

A veces tienes que dar el siguiente paso tú solo.

«No tengan miedo —les respondió Moisés—. Mantengan sus posiciones, que hoy mismo serán testigos de la salvación que el Señor realizará en favor de ustedes. A esos egipcios que hoy ven, ¡jamás volverán a verlos! Ustedes quédense quietos, que el Señor presentará batalla por ustedes». (Éxodo 14:13-14)

Había buenas y malas noticias. Las buenas noticias eran que los hijos de Israel habían sido liberados del cautiverio al que los habían sometido los egipcios. Habían salido de Egipto y eran libres de esclavitud. Dios había intervenido en formas milagrosas, y ahora Moisés estaba guiándolos para salir de esa tierra. Las malas noticias eran que el ejército egipcio los estaba persiguiendo, tenían montañas a ambos lados y el Mar Rojo delante. Estaban atrapados. Entonces se quejaron: «¿Acaso no había sepulcros en Egipto, que nos sacaste de allá para morir en el desierto? ¿Qué has hecho con nosotros? ¿Para qué nos sacaste de Egipto? ... ¡Mejor nos hubiera sido servir a los egipcios que morir en el desierto!» (Éxodo 14:11-12).

Moisés le respondió al pueblo de la misma manera que nosotros le habríamos respondido. «No tengan miedo ... Mantengan sus posiciones, que hoy mismo serán testigos de la salvación que el Señor realizará en favor de ustedes. A esos egipcios que hoy ven, ¡jamás volverán a verlos!

Ustedes quédense quietos, que el SEÑOR presentará batalla por ustedes» (vv. 13-14). Así es exactamente como me siento yo: atrapado. Tengo a los egipcios detrás de mí, el Mar Rojo delante y las montañas a ambos lados, y no hay por dónde regresar. Entonces, ¿qué hago? Quiero mantenerme quieto y ver la intervención milagrosa de Dios a mi favor. Quiero que Dios haga lo que solo Dios puede hacer. Quiero que me libere.

Pero esto no es lo que Dios ordenó que hicieran los hijos de Israel. Él le dijo a Moisés: «¿Por qué clamas a mí? ¡Ordena a los israelitas que se pongan en marcha! Y tú, levanta tu vara, extiende tu brazo sobre el mar y divide las aguas, para que los israelitas lo crucen sobre terreno seco» (vv. 15-16). En otras palabras, Dios estaba diciendo: «Dejen de mantenerse quietos. Den el siguiente paso. Avancen frente a la imposibilidad. Y cuando lo hagan, yo estaré ahí para dividir el Mar Rojo». Aunque yo preferiría mantenerme quieto y ver la liberación de Dios, hay veces que tengo que dar el siguiente paso, sin importar lo difícil que sea, y avanzar. Es solo cuando das el siguiente paso que Dios se mueve en forma milagrosa y divide el Mar Rojo.

Tengo una buena amiga que estaba comprometida en matrimonio. Muy poco tiempo antes de la boda, su novio murió en un terrible accidente laboral. Fue un golpe devastador. Con una llamada telefónica toda su vida cambió. Sus sueños y esperanzas para el futuro se hicieron añicos. Ella dijo: «Me levanto por las mañanas, me ducho, me visto y me maquillo. Luego le digo a Dios: "Yo ya he hecho todo lo que puedo. Ahora el resto del día depende de ti"». Ella ha entendido lo mismo que los hijos de Israel.

Tenemos que hacer lo que esté a nuestro alcance y después dejarle a Dios el resto.

En mi propio viaje, he descubierto la misma verdad. Tengo que levantarme todas las mañanas y vestirme, pero el resto del día depende de Dios. Si no doy el primer paso, nunca veré la liberación de Dios. Algunas personas no se levantan por las mañanas, no se visten, y no se maquillan. Se quedan acostadas esperando que Dios intervenga. Pero nunca ven su liberación. Por tanto, salta de la cama, vístete, maquíllate, y déjale el resto a Dios.

Día 26

Oración por la mañana

Dios, dame sabiduría para saber qué hacer.

El Internet es una bendición maravillosa y una maldición terrible. Cuando fui diagnosticado, pasé mucho tiempo en la red investigando sobre ELA. Después de un tiempo, el volumen de la información empezó a abrumarme. Cuanto más aprendía acerca de la enfermedad, más me hundía en la desesperación. Estaba obteniendo demasiada información acerca de mi enfermedad, y la sobrecarga de información me tendía trampas en la mente. Leía sobre síntomas que de momento no tenía, pero una vez que leía acerca de ellos, comenzaba a pensar que ya los estaba experimentando. Envidiaba a las personas que decidían no leer nada acerca de la enfermedad y solo aceptaban lo que les sucedía conforme se iba presentando. No eran conscientes de lo que les iba a pasar en su futuro. Por desdicha, yo estaba en el otro extremo y sabía demasiado.

La Biblia dice: «Si a alguno de ustedes le falta sabiduría, pídasela a Dios, y él se la dará, pues Dios da a todos generosamente sin menospreciar a nadie» (Santiago 1:5). Así que empecé a pedir sabiduría. ¿Cómo respondo a toda esta información y a los pronósticos pesimistas de mi enfermedad? Dios respondió mis oraciones recordándome que debía limitar el tiempo que pasaba investigando sobre la enfermedad. Así que limité mi tiempo a treinta minutos al día. Me di cuenta de que esto fue de mucha ayuda.

Otra área en la que necesitaba sabiduría desesperadamente era en la respuesta a las muchas personas que hablaban conmigo o me escribían. En nuestra iglesia hay todo tipo de vendedores independientes de productos de salud y bienestar. Todos ellos sentían que tenían la solución para mi situación particular. No queriendo ofender a ninguno de ellos, necesitaba sabiduría para saber qué hacer. Entonces se la pedí a Dios. Con el tiempo, él me dio sabiduría. Empecé a pedirles a las personas material escrito acerca de los productos que vendían. Les dije que leería el material y decidiría si sus productos eran apropiados para mí. Docenas de personas me ofrecieron sus productos. En realidad, no tomé ninguno, porque no encontré evidencia alguna de que hubieran ayudado a nadie que tuviera esta enfermedad.

Uno de los problemas de tener una enfermedad terminal es que no tienes mucho tiempo para tomar decisiones. Cuanto más esperas, más lista para explorar está la bomba de tiempo que está en tu cuerpo haciendo tic tac. Te sientes increíblemente presionado para hacer algo y hacerlo con rapidez. El tiempo no está de tu parte. Te enfrentas con la disyuntiva de elegir entre la medicina tradicional o la alternativa, de tomar decisiones dentro de la medicina tradicional y dentro de la medicina alternativa.

Y no tienes mucho tiempo para decidir qué hacer, así que continuamente necesitas orar: «Dios, dame sabiduría para saber qué hacer». Y Dios prometió darnos sabiduría.

Promesa por la tarde

Dios es el Dios del pasado y el Dios del presente.

En consecuencia, ya que hemos sido justificados mediante la fe, tenemos paz con Dios por medio de nuestro Señor Jesucristo. También por medio de él, y mediante la fe, tenemos acceso a esta gracia en la cual nos mantenemos firmes.
(Romanos 5:1-2)

En el quinto capítulo de Romanos, el apóstol Pablo habla acerca de las bendiciones de Dios, pasadas y presentes. En el versículo 1 dice: «En consecuencia, ya que hemos sido justificados mediante la fe...» En el versículo 11 dice: «Y no sólo esto, sino que también nos regocijamos en Dios por nuestro Señor Jesucristo, pues gracias a él ya hemos recibido la reconciliación». Dios ha hecho cosas por nosotros en el pasado, y todavía está haciendo cosas por nosotros en el presente.

Las bendiciones pasadas. Pablo dice que hemos sido «justificados». Esto significa que Dios mismo nos declara justos. Esta justicia proviene de la muerte, entierro y resurrección de Jesucristo. Somos pecadores, y Jesús llevó nuestros pecados sobre sí mismo. Él es absolutamente perfecto, y ha intercambiado nuestros pecados por su justicia. Esto es lo que significa ser justificados. Y esa justificación es por gracia y por medio de la fe.

Las bendiciones presentes. En este capítulo Pablo proporciona una lista de nuestras bendiciones presentes. Primero, dice que tenemos paz con Dios por medio de nuestro Señor Jesucristo. La idea de la paz es algo más que la ausencia de conflicto o guerra. Significa entereza. Significa que llegamos a ser todo para lo que Dios nos creó. Estamos en paz con Dios, con nosotros mismos, con los demás y con la creación.

Segundo: «También por medio de él, y mediante la fe, tenemos acceso a esta gracia en la cual nos mantenemos firmes» (v. 2). La gracia es el favor inmerecido y la bondad amorosa de Dios. Fuimos salvos por gracia, el favor y la bondad de Dios. Pero esa gracia aún continúa. El favor y la bondad de Dios nos sostienen cada día. Fuimos salvos por gracia. Ahora nos mantenemos firmes en la gracia.

Tercero, tenemos esperanza. «Y esta esperanza no nos defrauda, porque Dios ha derramado su amor en nuestro corazón por el Espíritu Santo que nos ha dado» (v. 5). La realidad actual de la esperanza se menciona al final de la sección que trata de angustias y sufrimientos. Pablo dice: «Nos regocijamos ... también en nuestros sufrimientos», y continúa diciendo que «el sufrimiento produce perseverancia; la perseverancia, entereza de carácter; la entereza de carácter, esperanza» (vv. 2-4). Es precisamente en medio del sufrimiento cuando empezamos a darnos cuenta de la esperanza que Dios nos da cada día. Y la esperanza nunca causará desilusión.

Yo estoy agradecido por mi salvación. Tenía once años cuando invité a Jesucristo a mi vida para que fuera mi Salvador y mi Señor. En ese momento fui declarado justo por medio de la fe en Jesucristo. Mi salvación está segura. Sé adónde voy a ir cuando muera. Mi lucha, sin embargo, es con el presente. En este capítulo Pablo nos recuerda que hay tres cosas de las que podemos estar seguros hoy. Primero, podemos tener la seguridad de que tenemos paz con Dios. Podemos experimentar la entereza de Dios. Segundo, podemos estar seguros de que tenemos acceso a la gracia de Dios. Otra forma de ver la gracia es pensando en la fortaleza: tenemos acceso a la fortaleza de Dios cada día. Tercero, tenemos esperanza, y esa esperanza es lo más importante porque se presenta cuando estamos frente al sufrimiento y las dificultades. Así que puedo lograrlo hoy. El Dios que me declaró justo en el pasado, es el mismo Dios que camina conmigo hoy. Y ese Dios me da paz, gracia y esperanza. Él es el Dios de ayer y el Dios de hoy.

Día 27

Oración por la mañana

Dios, no me siento con ánimos para orar.

¿Por qué no tienes ánimos para orar cuando estás enfrentado una enfermedad crítica? Pensarías que tu primer impulso sería orar, que derramarías tu alma en oración con una pasión que nunca tuviste antes. Pero descubrí que era muy difícil orar. No me sentía con ganas de orar. No sabía qué decir. No podía forzarme a orar.

Sin embargo, he descubierto dos verdades convincentes que ayudan a poner la oración en perspectiva. Primero, el Espíritu Santo está orando por mí. «Así mismo, en nuestra debilidad el Espíritu acude a ayudarnos. No sabemos qué pedir, pero el Espíritu mismo intercede por nosotros con gemidos que no pueden expresarse con palabras» (Romanos 8:26). Solo porque no tengo ánimos para orar no significa que ninguna oración se haga en mi favor, pues el Espíritu Santo está intercediendo por mí. Así que puedo descansar con la seguridad de que Dios no me olvida. El Espíritu refleja mi lucha al interceder con gemidos.

La segunda verdad es que otros están orando por mí. Santiago, en el libro que lleva su nombre, nos recuerda que cuando tenemos enfermedades críticas tenemos que llamar a los ancianos de la iglesia para que oren por nosotros y nos unjan con aceite. Él agrega esta promesa: «La oración del justo es poderosa y eficaz» (Santiago 5:16). Aunque no puedo orar, otros lo hacen por mí. Para eso está el cuerpo de Cristo. Cuando uno sufre, todos sufrimos con esa persona. Llevamos las cargas los unos de los otros. Y una de las formas de hacerlo es orando por los que no pueden orar por ellos mismos.

Una de las cosas más motivadoras que he experimentado es cuando los niños me escriben para decirme que están orando por mí todos los días. La fe de los niños es poderosa, pues está desprovista de las luchas de los adultos. Ellos creen de verdad que Dios escucha y responde las oraciones, y que es capaz de sanar cualquier enfermedad. Así que cuando yo mismo no puedo orar, puedo descansar en el hecho de que otros, incluyendo a niños, están orando por mí.

Cuando alguien me dice: «Estoy orando por ti», lo encuentro muy motivador, siempre y cuando de verdad estén orando por mí. Uno de los regalos más grandes que puedes darle a alguien que tiene una enfermedad terminal es una oración. Por lo tanto, yo oro así: «Dios, no me siento con ánimos para orar. Sin embargo, descanso en la verdad de que otros están orando por mí, y el Espíritu Santo está intercediendo por mí con gemidos que no pueden expresarse con palabras». Eso es suficiente para salir adelante un día más.

Promesa por la tarde

Orar el Padre Nuestro ayuda cuando se te hace difícil orar.

Ustedes deben orar así:
«Padre nuestro que estás en el cielo,
santificado sea tu nombre,
venga tu reino,
hágase tu voluntad
en la tierra como en el cielo.
Danos hoy nuestro pan cotidiano.
Perdónanos nuestras deudas,
como también nosotros hemos perdonado a nuestros deudores.
Y no nos dejes caer en tentación,
sino líbranos del maligno». (Mateo 6:9-13)

Mis primeras experiencias religiosas fueron en Plymouth Brethren, donde las personas eran maravillosas. No solían ser muy ceremoniosas. Estaban contra las oraciones formales que ya están escritas, contra rezar el Padre Nuestro, y contra la repetición del Credo de los Apóstoles. Evitaban cualquier cosa que pareciera litúrgica. Por supuesto, ellos tenían sus propias «liturgias». Decían y hacían las cosas de cierta manera, y siempre eran las mismas personas las que parecían involucrarse. Como resultado de mis primeras experiencias con ellos, siempre me he sentido incómodo con las oraciones formales que ya están escritas, con rezar el Padre Nuestro, y con recitar el Credo de los Apóstoles. En Plymouth Brethren considerábamos este tipo de cosas como repeticiones vanas y palabras huecas.

Cuando me diagnosticaron ELA cambié de opinión respecto a las «cuestiones litúrgicas». Rápidamente descubrí que cuando estás gravemente enfermo, orar se convierte en algo difícil. Antes de mi diagnóstico yo tenía un sistema de oración muy organizado. Incluía leer la Biblia, orar por ciertas personas a diario, y orar por ciertas personas y situaciones un día específico a la semana. Acostumbraba a escribir las peticiones en mi libro de oraciones, y las encerraba en un círculo cuando Dios las contestaba. Pero después de que me diagnosticaron esta enfermedad, no tenía la fuerza o energía para hacer lo que siempre había hecho con la oración. Así que, lo primero que hacía por las mañanas era orar el Padrenuestro. Durante el día, mientras luchaba, repetía el Padrenuestro. Por las noches, cuando me iba a la cama y estaba listo para dormir, oraba el Padrenuestro una vez más. Y descubrí algo asombroso: la repetición del Padrenuestro le trajo una paz a mi vida que no puede ser explicada por completo.

Padrenuestro que estás en el cielo. Yo soy padre y haría cualquier cosa por mis hijos, incluyendo dar la vida por ellos. Si así los cuido, ¿cuánto más no cuidará de mí Dios mi Padre? Y como mi Padre celestial, tiene todos los recursos de la deidad a su disposición. No hay nada que no pueda hacer.

Santificado sea tu nombre. Santificar el nombre de Dios significa considerarlo único y muy especial. Significa que el deseo que te impulsa es que Dios sea exaltado y honrado. Aun en medio de mi enfermedad, la gloria de Dios es muchísimo más importante que mi lucha específica. En realidad, Dios será glorificado mientras yo enfrento esta lucha.

Venga tu reino, hágase tu voluntad en la tierra como en el cielo. El reino de Dios es el gobierno de Dios en nuestras vidas. Cuando pedimos que venga el reino y que se haga la voluntad de Dios, en esencia estamos pidiendo que Dios gobierne nuestras vidas y nuestras comunidades y que se cumpla su voluntad.

Danos hoy nuestro pan cotidiano. Observa que esta petición se hace en primera persona del plural. Cuando el día de hoy oro por mis propias necesidades, también estoy orando por las necesidades de los demás.

Perdónanos nuestras deudas, como también nosotros hemos perdonado a nuestros deudores. Todos nosotros necesitamos perdonar a los que nos han ofendido. Una de las ventajas de tener una enfermedad terminal es que te ves obligado a examinar tu propia vida y tus relaciones con los demás. Una de las grandes bendiciones es buscar el perdón de Dios y también acudir a las personas que has ofendido para pedirles perdón.

Y no nos dejes caer en tentación, sino líbranos del maligno. Necesitamos pedirle a Dios que dirija nuestras vidas. Mientras Dios nos guía, tenemos que pedirle que nos libre de Satanás, el maligno.

Si no te sientes con ánimos de orar, permíteme sugerirte que ores el Padre Nuestro. Puedes dedicar tiempo para reflexionar en cada una de las peticiones y orarlas con tus propias palabras. O puedes simplemente repetirle las palabras a Dios. Descubrirás el poder y la paz notable que se manifiesta al decir esta oración tan antigua.

Día 28

Oración por la mañana

Dios, dame la confianza de saber que tú tienes el control.

Ahora bien, sabemos que Dios dispone todas las cosas para el bien de quienes lo aman, los que han sido llamados de acuerdo con su propósito. (Romanos 8:28)

Muchas personas han citado Romanos 8:28 para consolarme. Por lo general las personas que me han citado este versículo tienen una vida muy buena. No están enfrentando una enfermedad terminal. Sus vidas no están desmoronándose. Sus familias están intactas. Así que están seguros de la bondad de Dios y de la forma en que obra en nuestras vidas. Como resultado, quieren imponerme este versículo. Algunas veces simplemente dicen: «Recuerda Romanos 8:28». Usan el versículo como una píldora mágica que hará que todo caiga en su lugar. Es como si por citar este versículo, todo fuera a estar bien.

El problema fundamental es que desde el lugar en el que me encuentro, las cosas no están funcionando muy bien. Mi vida está llegando a su fin. Voy a perderme ver a mis hijos y nietos crecer. Voy a perder a mi esposa. Me voy a perder los acontecimientos importantes de las vidas de mi familia y amigos. Sin mencionar que el proceso de la muerte en sí es terrible. Todavía no he conocido a alguien que no tema este proceso, incluido yo. Así que cuando alguien viene a mí y me dice: «Dios dispone todas las cosas para el bien de quienes lo aman», esto suena como palabras huecas diseñadas para hacer sentir bien a esa persona y para hacerme sentir peor.

No obstante, ya que sea Dios esté en control o no lo esté. Ya sea que esté obrando en los acontecimientos de mi vida o no lo está. Por cualquiera que sea la razón, él me enfrentó con esta situación para trabajar con ella. A mí no me gusta esta situación, ni se la desearía a nadie más, pero es algo que Dios me ha dado y que tengo que enfrentar. Así que oro diciendo: «Dios, ayúdame a confiar en que al fin y al cabo tú tienes el control de mi vida y de esta enfermedad». No es fácil hacer esta oración. Contradice la realidad cotidiana de mi propia experiencia. Porque si yo fuera Dios, nunca permitiría que alguien pasara por lo que estoy pasando. Sin embargo, de alguna manera que no puedo explicar, Dios tiene el control de los detalles de mi vida, así que le pido que me ayude a confiar en él de día en día.

Promesa por la tarde

Dios es mi roca y mi libertador.

Las olas de la muerte me envolvieron;
los torrentes destructores me abrumaron.
Me enredaron los lazos del sepulcro,
y me encontré ante las trampas de la muerte.
En mi angustia invoqué al Señor;
llamé a mi Dios,
y él me escuchó desde su templo;
¡mi clamor llegó a sus oídos! (2 Samuel 22:5-7)

David escribió las palabras anteriores cerca del final de su vida. Estas expresan mis pensamientos y sentimientos más íntimos. Siento como si estuviera en medio del océano con las olas de la muerte rodeándome. Siento como si estuviera atrapado, como si las redes de muerte estuvieran confrontándome. Es un sentimiento de total impotencia. Lo que hizo David es lo que deberíamos hacer nosotros … invocar a Dios para pedirle ayuda. ¿Y qué clase de Dios estuvo ahí para ayudarlo?

El Señor es mi roca, mi amparo, mi libertador;
es mi Dios, el peñasco en que me refugio.
Es mi escudo, el poder que me salva,
¡mi más alto escondite! (Salmos 18:2)

Dios es mi roca, mi amparo, mi libertador, mi escudo, el poder de mi fuerza, mi salvación, mi más alto escondite, mi refugio y mi Salvador. David continúa con esta canción de alabanza para describir el poder de Dios. «La tierra tembló, se estremeció» (v. 7). «Rasgando el cielo, descendió» (v. 9). «Lanzó sus flechas, sus grandes centellas; dispersó a mis enemigos y los puso en fuga» (v. 14). Este Dios es un Dios todopoderoso. Nada hay que no pueda hacer.

Extendiendo su mano desde lo alto,
tomó la mía y me sacó del mar profundo.
Me libró de mi enemigo poderoso,
de aquellos que me odiaban
y eran más fuertes que yo.
(Salmos 1:16-17)

Tener una enfermedad terminal es como ahogarte en aguas profundas. Y justo cuando estás a punto de llegar al fondo, Dios extiende su mano desde lo alto y toma la tuya. Yo visualizo que extiendo mi mano derecha, la cual está muy débil, y tomo la mano de Dios, la cual no es débil sino poderosa. Mientras mi mano está en su mano, estoy bien. Bueno, no exactamente bien. Todavía tengo esta enfermedad, todavía siento como si me estuviera ahogando, y todavía siento como si las olas de la muerte me estuvieran rodeando. Pero mientras sostenga la mano del creador del universo, todo estará bien.

David concluye con una alegre explosión de alabanza:

¡El SEÑOR vive! ¡Alabada sea mi roca!
¡Exaltado sea Dios mi Salvador! (2 Samuel 22:47)

En tanto Dios viva, tengo esperanza para hoy, esperanza para mañana, y esperanza para la eternidad. En tanto Dios sea mi roca, no me hundiré en las profundidades. En tanto Dios sea mi Salvador, sé que vendrá la liberación suprema. Es posible que sea en esta vida o puede ser en la venidera, pero de un modo u otro él es mi Salvador. Dedica tiempo para leer el salmo completo que está registrado en 2 Samuel 22. Léelo una y otra vez. Es un salmo acerca de la grandeza de Dios frente a las dificultades abrumadoras en los tiempos de angustia.

Día 29

Oración por la mañana

Dios, fortalece a las personas que me cuidan.

No sé que es peor, si tener una enfermedad terminal, o ver que la tiene alguien a quien amas. A veces me parece que es peor observar a alguien a quien amas luchando contra su propia mortalidad. Te sientes demasiado impotente. ¿Qué decir? ¿Qué hacer? ¿Cómo reaccionar? Estas son preguntas para las cuales no hay respuestas fáciles. Además, tienes la responsabilidad de cuidar a la persona enferma, así como velar por todos los demás miembros de tu familia. Pagas las cuentas. Cuidas a los niños. Arreglas cualquier cosa que se descomponga en la casa. Vas y vienes del hospital. Te sientes como un malabarista con demasiadas pelotas en el aire. Además, quieres pasar el mayor tiempo posible con la persona que está enferma. No hay suficientes horas en el día para hacer todo lo que necesitas. Y si las hubiera, no tendrías fuerzas para hacerlo.

Es difícil ver a alguien trabajar tanto. Quisieras que hubiera algo que pudieras hacer, pero tu enfermedad no te permite ayudar. Desearías que hubiera algo que pudieras decir, pero nada de lo que digas cambia la realidad de la situación. Quisieras que la enfermedad desapareciera por lo que está haciendo con tu familia, pero nada puedes hacer para cambiar la situación. Solo puedes orar diciendo: «Dios, dale fortaleza a la persona que está cuidándome».

Así que, ¿quién cuida de los que cuidan a los enfermos? Por lo general nadie. Con gran dificultad sacan las cosas adelante día tras día y semana tras semana. No pueden darse una tregua. No hay treguas cuando alguien a quien amas tiene una enfermedad terminal. Te das cuenta de que tu tiempo está limitado, y deseas pasar el mayor tiempo posible con la persona enferma. Piensas que cuando él o ella se hayan ido, no lamentarás haber pasado tanto tiempo con tu ser querido. Y estás en lo cierto.

¿Quién cuida de los que cuidan a los enfermos? La única respuesta que me viene a la mente es Dios. Así que oro por mi esposa: «Dios, dale fortaleza para salir adelante hoy». He descubierto que en nuestro caminar juntos, Dios nos da la fortaleza para todas las cosas que necesitan hacerse cada día. Generalmente no queda más fuerza; él da lo suficiente para cada día. Recuerda las palabras de Pablo: «Todo lo puedo en Cristo que me fortalece» (Filipenses 4:13).

Promesa por la tarde

Seremos como él.

¡Fíjense qué gran amor nos ha dado el Padre, que se nos llame hijos de Dios! ¡Y lo somos! El mundo no nos conoce, precisamente porque no lo conoció a él. Queridos hermanos, ahora somos hijos de Dios, pero todavía no se ha manifestado lo que habremos de ser. Sabemos, sin embargo, que cuando Cristo venga seremos semejantes a él, porque lo veremos tal como él es. (1 Juan 3:1-2)

Dar es una palabra interesante. Cuando les damos regalos de Navidad a nuestros hijos, eso significa que estamos siendo muy espléndidos. Cuando le damos un regalo de cumpleaños a nuestra pareja, eso significa que estamos siendo muy espléndidos. Y cuando hablamos del amor que nos ha dado el Padre, eso significa que Dios ha sido muy espléndido. Y eso es exactamente lo que Dios hace. Somos sus hijos y nos ama con un amor interminable e incondicional. No solo nos da su amor en el presente, sino también en el futuro.

«Todavía no se ha manifestado lo que habremos de ser». Qué verdad tan cierta. Aunque tenemos el cielo y la eternidad seguros, hay mucho del cielo y de la eternidad que va más allá de nuestro conocimiento y entendimiento. Lo que sí sabemos, sin embargo, es que «cuando Cristo venga seremos semejantes a él». Algunas personas interpretan que esto significa que cuando lleguemos al cielo, todos tendremos treinta y tres años de edad, como Jesús. Para algunas personas esto es un panorama muy emocionante. Cuando tienes sesenta o setenta años, tener treinta y tres suena maravilloso. Pero cuando tienes quince o veinte, tener treinta y tres suena a que ya se te pasó la flor de la juventud.

Luego, ¿qué edad tendremos en el cielo? Mi esposa tenía tres años cuando su padre falleció. Ahora ella es mucho mayor que su padre cuando este falleció. Entonces, ¿será ella mayor que su padre en el cielo? ¿Y qué pasa con los bebés? Sabemos que cuando mueren entran en la presencia de nuestro Señor. Si yo pierdo a un bebé en esta vida, ¿todavía será bebé cuando yo llegue al cielo? ¿O será adulto? Y si es un adulto, ¿cómo lo reconoceré? ¿Y que hay de mi cuerpo actual? La enfermedad y las dolencias han hecho estragos en él. ¿Tendrá esa apariencia cuando llegue al cielo? Permíteme responder estas preguntas: ¡No sé! Lo único que sé es que tendremos un cuerpo como el de Jesucristo. Será un cuerpo resucitado, libre de los estragos de la enfermedad y las dolencias, y estará adaptado a la eternidad. No sé qué apariencia o qué edad tendrá, pero sé que esto será una realidad. Y también sé que en el cielo reconoceremos a todos los demás.

Dios ha dado su amor a sus hijos. Ha sido muy espléndido. Y como él nos ama, un día estaremos con él. Y cuando estemos con él, seremos como Jesús, ¡signifique esto lo que signifique! Y cualquier cosa que signifique, es lo suficiente bueno para mí.

Día 30

Oración por la mañana

Dios, dame fe para creer que puedes sanarme.

No necesito fe para creer que Dios puede sanar; sé que Dios puede sanar. La Biblia está llena de relatos de su poder interviniendo en enfermedades para anularlas. A lo largo de mi vida también he sabido de personas a las que él ha sanado. Conozco a personas que les daban pocos meses de vida, y Dios intervino en forma milagrosa y las sanó. Ellos son testimonios vivos del hecho de que los médicos no tienen la última palabra. Solo Dios tiene la última palabra. Así que sé que Dios puede sanar, y tengo fe para creer que está dentro su poder hacerlo. Pero necesito fe para creer que Dios puede sanarme *a mí*. Hay una enorme diferencia entre saber que puede sanar a otros y creer que puede sanarme a mí.

Pasó mucho tiempo antes de que le pidiera a Dios que me sanara. No estoy seguro por qué. Creo que tenía miedo de que no me sanara. Si iba a ir por todas partes declarando que le había pedido a Dios sanidad y que Dios no lo había hecho, eso daría una mala impresión respecto a mis oraciones. La gente creería que no tuve suficiente fe. Pero un día que estaba leyendo la Biblia me topé con este texto: «No tienen, porque no piden» (Santiago 4:2). Luego me di cuenta de que era una tontería no pedirle a Dios que me sanara. Así que oré diciendo: «Dios, dame fe para creer que puedes sanarme».

¿Qué significa tener fe para creer que Dios puede sanarte? ¿Significa que ya no debes tener fe en los médicos o en la medicina? No lo creo. Yo sigo visitando a los médicos y sigo sus recomendaciones, aun cuando es muy poco lo que pueden hacer por mi enfermedad. La fe en las Escrituras hebreas abarca la idea de persistencia. Así que he decidido seguir creyendo en la sanidad hasta que Dios me muestre una evidencia irrefutable de que él tiene en mente algo distinto. Para mí, la fe no es solo un momento en el tiempo en el cual creo que Dios sana, sino más bien de una creencia estable, a través del tiempo, de que Dios está en el proceso de sanarme.

Otra manera de ver la fe es con la idea de orientación. Creer en Cristo para salvación significa estar orientado hacia Cristo. Creer en Dios para sanidad es estar orientado hacia Dios para sanidad. Mi mayor esperanza no está en los médicos o en la medicina. Mi mayor esperanza está en el Señor. Estoy orientado a él.

Promesa por la tarde

Todos tenemos un Goliat que combatir.

Tú vienes contra mí con espada, lanza y jabalina, pero yo vengo a ti en el nombre del Señor Todopoderoso, el Dios de los ejércitos de Israel, a los que has desafiado. (1 Samuel 17:45)

De toda la Biblia, la historia de David y Goliat es una de mis favoritas. Recuerdo haber escuchado esta historia en la Escuela Dominical y haber visto a la maestra colocar las diferentes figuras en el tablero de franela. Creo que esta historia atrae notablemente a los niños porque trata del desvalido que supera obstáculos increíbles: David, un pastor joven, mata a Goliat, un guerrero gigante. Todos nosotros nos identificamos con David porque todos tenemos en nuestras vidas obstáculos que superar. Uno de los obstáculos más grandes es una enfermedad grave o terminal.

De acuerdo con las Escrituras, Goliat medía más de dos metros y medio. Su armadura pesaba más de cincuenta y cinco kilos. Era un personaje intimidante, y desafió al ejército de Israel para que enviaran a un hombre a pelear con él. Cuando David llegó a la escena de los hechos dijo: «¿Qué dicen que le darán a quien mate a ese filisteo y salve así el honor de Israel? ¿Quién se cree este filisteo pagano, que se atreve a desafiar al ejército del Dios viviente?» (1 Samuel 17:26). Según el registro bíblico, esta es la primera vez que David habla, y sus palabras están enfocadas en Dios. David entendió que la batalla final no era entre Goliat y otro hombre, sino entre Goliat y Dios.

En esta historia David en realidad tenía que vencer a tres «Goliats» con el fin de obtener la victoria. Primero, tenía que vencer el cinismo de su hermano, que le dijo: «Yo te conozco. Eres un atrevido y mal intencionado. ¡Seguro que has venido para ver la batalla!» (v. 28). Después de eso, David tuvo que luchar para ignorar el consejo de Saúl, que quería que se pusiera su propia armadura para combatir a Goliat. Pero David rápidamente se dio cuenta de que la armadura no le quedaba bien. Por último, tuvo que pelear contra Goliat. Cuando nosotros estamos combatiendo una enfermedad, a veces tenemos que vencer el cinismo de nuestra propia familia. A veces tenemos que luchar para ignorar el consejo de los expertos: los médicos. Y luego tenemos que confrontar la enfermedad.

David fue al río y escogió cinco piedras lisas y después, en el nombre de su Dios, confrontó a Goliat con una honda. David dijo: «Tú vienes contra mí con espada, lanza y jabalina, pero yo vengo a ti en el nombre del SEÑOR Todopoderoso, el Dios de los ejércitos de Israel, a los que has desafiado». David entendió que no estaba luchando contra Goliat con sus propias fuerzas o con su propio poder. Más bien, el Dios que lo había liberado del oso y del león también lo libraría de Goliat. David entendió que finalmente la lucha estaba en las manos de Dios.

Así es mi lucha. Aunque aprecio la motivación de mi familia y las recomendaciones de los médicos, sé que en última instancia, la condición de mi salud está en las manos del Gran Médico. Las probabilidades podrán ser abrumadoras. El gigante podrá medir más de dos metros y medio. Podrá portar una armadura de más de cincuenta y cinco kilos. Pero una piedrecita de Dios puede destruir totalmente al gigante. Esta es mi esperanza. Una palabra de Dios, y todos los efectos de esta enfermedad se pueden invertir. Pero aunque él decida no pronunciar esa palabra, yo le seguiré amando y confiando en él. Él todavía es el Dios que mata gigantes.

Disfrute de otras publicaciones de Editorial Vida

Desde 1946, Editorial Vida es fiel amiga del pueblo hispano a través de la mejor literatura evangélica. Editorial Vida publica libros prácticos y de sólidas doctrinas que enriquecen el caudal de conocimiento de sus lectores.

Nuestras Biblias de Estudio poseen características que ayudan al lector a crecer en el conocimiento de las Sagradas Escrituras y a comprenderlas mejor. Vida Nueva es el más completo y actualizado plan de estudio de Escuela Dominical y el mejor recurso educativo en español. Además, nuestra serie de grabaciones de alabanzas y adoración, Vida Music renueva su espíritu y llena su alma de gratitud a Dios.

En las siguientes páginas se describen otras excelentes publicaciones producidas especialmente para usted. Adquiera productos de Editorial Vida en su librería cristiana más cercana.

CPSIA information can be obtained
at www.ICGtesting.com
Printed in the USA
BVHW051147111222
653962BV00010B/97